江苏高校优势学科建设工程资助项目(PAPD)

喧哗与狂欢

亚văn化

subculture

杜志红 史双绚 著

苏州大学出版社
Soochow University Press

图书在版编目(CIP)数据

微博：喧哗与狂欢 / 杜志红，史双绚著. —苏州：苏州大学出版社，2021.6
（新媒介与青年亚文化 / 马中红主编. 第二辑）
"十三五"国家重点图书出版规划项目　国家出版基金项目
ISBN 978-7-5672-3451-2

Ⅰ.①微… Ⅱ.①杜… ②史… Ⅲ.①互连网络－传播媒介－研究 Ⅳ.①G206.2

中国版本图书馆 CIP 数据核字（2020）第 263614 号

微博　喧哗与狂欢

著　　者	杜志红　史双绚
责任编辑	申小进
助理编辑	冯　云
装帧设计	吴　钰
出版发行	苏州大学出版社
地　　址	苏州市十梓街1号
邮　　编	215006
电　　话	0512-67481020
网　　址	http://www.sudapress.com
邮　　箱	sdcbs@suda.edu.cn
印　　刷	苏州市越洋印刷有限公司
开　　本	700 mm×1 000 mm　1/16　印张 11　字数 150 千
版　　次	2021年6月第1版 2021年6月第1次印刷
书　　号	ISBN 978-7-5672-3451-2
定　　价	50.00 元

版权所有　侵权必究

总序[①]

青年亚文化作为一种普遍而又独特的文化现象，是人类社会文化结构中必然的、不可或缺的组成部分。相对于主流文化，青年一代的文化以其青春性、多变性和挑战性的特性有别于位居社会主体地位的成人文化；而相对于基本认同主流价值的青年文化，青年亚文化则具有非主流、边缘性的"亚"文化或"次"文化特征。事实上，青年亚文化是一种世界性的青春文化现象。就其实质而言，它所反映的是成人世界与青春世界、父辈一代与子辈一代之间那种永恒的矛盾和张力关系。在不同的时空语境下，这对关系往往以不同的方式表现出来，譬如反抗、冲突、偏离、协商、另类等，但是，它所呈现的那种青春期的迷惘、矛盾、寻觅、冲动及身份认同的困扰始终是青年亚文化的历史宿命，无论社会的意识形态如何统一和强大，这类青年亚文化或多或少总会以某些方式表现出来。

在中国现代文化史上，诸如五四运动、一二·九运动以及后来一些特殊时期的青年学生运动，都在一定程度上和从某个侧面显现了那个时代的青年亚文化征候。但就整体而言，一直到20世纪80年代之前，现代中国的青年文化更多的还是以认同和追随主流文化、成人文化的方式出现，那种典型的具有世

[①] 本序言大体保留了本人主编的"新媒介与青年亚文化"（第一辑）原序的内容，第五、六部分为新增内容。

界普遍性的青年亚文化现象并不突出。但是，伴随着改革开放和中国与世界文化的接轨，在短短 40 多年的时间里，中国青年亚文化发生了巨大变化，时至今日，已经成了当代中国青年文化和社会整体文化的重要组成部分。

如果说，20 世纪 80 年代初的青年亚文化开始浮出地表，在传统的媒介语境中以各种个性化的另类形象出现和发展，并得到社会的理解和宽容，主要是得益于经济体制转轨和思想解放运动的话，那么，进入 21 世纪的今天，青年亚文化的发展在很大程度上有赖于以互联网为标志的信息技术革命，则是突飞猛进的媒介技术对青年日常生活的渗透和全球化的必然结果。如今，20 世纪 80 年代形成的第一波青年亚文化族群／类型已成为追忆中的昔日辉煌，而新媒介支持下的今日青年亚文化才刚刚拉开序幕。令人震撼的是，新媒介对当今青年亚文化的影响，无论是在力度上还是在广度上，都已远远超出了媒介技术的层面，进而关涉到当代中国青年亚文化特质的变异及其走向，故而特别引人瞩目。

一

从文化赖以生存的媒介和技术环境方面看，当下以互联网为核心的新媒介对社会文化生态的全方位渗透，开始明显地推动今日中国的整体文化向开放、民主和多元的方向转变，同时整体文化的存在形态也在向"数字化生存"方向转向。新媒介不仅为传统文化类型的转型提供了广阔的空间，而且催生了一系列新的文化类型，其中青年亚文化是最为突出的景观。当各种各样的"客"，例如博客、播客、闪客、换客等轮番上场，当各种"社区""论坛"喧闹于网上，当 IM（即时通信工具）、SNS（社交网络服务）、微博备受青睐，当网上购物成为风潮，当"搜索""自拍""黑客"等所有这些网络技术和文化实践成为青年亚文化习以为常的社会参与及其表达方式时,青年群体正在演绎和展示着的,是一个完全不同于以往的"虚拟现实"。可以这么说,网络媒介为中国当代各种青年亚文化的外来接受、本土生成与发展和迅速传播提供了前所未有的开放式、无边界、多媒介的物理空间和相对平等、开放的精神空间。如今,新媒介已经成为中国青年亚文化生长的肥沃良田和迅猛扩张的异度空间,成为新型青年亚文化传播的利器和青年一代寻找同道、建构文化族群和部落的文化场域。

网络媒介的全面覆盖、低廉成本及使用便捷,使中国大量青年群体的日常行为和生活方式与网络媒介牢固地绑定在一起。网络成了他们的"良师益友"和"亲密伙伴",有的甚至发展到须臾不能离开。一项由美国互联网公司 IAC(Inter Active Corp)和智威汤逊(J. Walter Thompson)广告公司合作,用双语进行的调查研究发现,与美国青年相比较,中国青年更依赖数字技术,有80%的中国青年认为数字化是自己生活的必要组成部分,其中42%的人觉得自己"上网成瘾",而美国青年中持这两种想法的分别占68%和18%。与此同时,该调查还发现,网络在中国青年人的社会生活和情感世界中扮演着极为重要的角色:77%的受访者说,他们通过网络交友;54%的人表示他们曾经通过网络即时信息进行约会;63%的人认为,两个人即使永不见面,也可能在网络上建立起真实的关系,而在美国青年中,相信这一点的只占21%。这一新的媒介语境及生存方式,的确为社会转型时代的中国青年亚文化创建和发展出了一个全新的生存空间和表现舞台。中国青年亚文化在经历了"文革"时期的"地下活动"和改革开放之初的"地表活动"之后,终于被媒介技术的推手带入了"无限活动"的新阶段。当下,青年亚文化作为被互联网率先激活的文化类型,已借助新媒介全方位启动了自身的文化建设,并且成为文化与技术深度联姻的实验产品。

而从青年亚文化自身的交流系统来看,一方面,新媒介正在历史性地改写着青年亚文化与主流文化之间的关系;另一方面,新媒介为青年亚文化构成要素的技术重组和创建催生了新型的表达方式。

以伯明翰学派为代表的传统青年亚文化理论基本上是先验地预设了青年亚文化对主流文化的抵抗性和依存性。譬如,科恩对伦敦东区工人阶级子弟的研究揭示,青年亚文化对工人阶级母体文化表现出表面的拒绝或反抗,却又有内在的依存和继承。威利斯对嬉皮士青年亚文化的研究表明,青年亚文化与中产阶级文化之间始终存在一种"结构性对立关系"。克拉克依据对特迪文化的深入研究也发现,"亚文化作为一种非官方的文化形式,拼贴所产生的亚文化风格的意义就必然处于和统治阶级意识形态相对立的地位"。诸如此类的"抵抗"观和"依存"观诞生于前互联网时代,研究的是现实世界中的青年亚文化实践活动,而以此观点来观照和解读新媒介时代的青年亚文化,难免捉襟见肘,力不从心。新媒介时代的青年亚文化,往往更长于表征似乎完全属于自我化或虚拟化的感性世界,而不是公然地"抵抗"现实间存在的文化形态,更不愿意与父辈或权威文化发生正面的"冲突";它们不仅抹去了横亘在主流和非主流之间的森严界限,隔断了主体与现实之间的人文关注,有时候还经常颠倒真实与虚拟的逻辑关系,将真实虚拟化,虚拟真实化。

我们必须意识到的是,出生并成长于网络时代的青少年群体,天生就与网络、手机等新媒介结缘。他们通过新媒介接受的信息远远多于传统主流渠道,比如大众传播媒介、学校教育、父辈传承等。传统主流渠道对他们精神成长的影响或许将日趋式微。与此同时，他们通过琳琅满目的新技术和新媒介产品，如 iPad、智能手机、微博、社交网络、视频分享站点、在线游戏等，畅通地传递着自己创造的文化，在信息传播、交友、玩耍和自我表达的世界中追求自治与认同。于是，青年亚文化的实践活动最终成为一种自我宣泄、自我表现、自我满足的技术方式和文化意义。网络媒介的开放性、无中心性消解了现实世界中权威、主流、父辈等对青年加以掌控的可能性，或者说，网络媒介为青年亚文化的生成、发展提供了最为自由、宽松的逃避主流文化"压抑"的庇护所。

在青年亚文化构成要素的技术重组和创建方面，网络媒介以"数据""图像""多媒介视频"的技术特质为基础，创建了一个互动、复制、仿真和拟像的世界，一个全然不同于以往的世界。正如鲍德里亚所言称的那样，在模型、符码、符号建构的类像世界里，模型和真实之间的差别被销蚀，形象与真实之间的界限被内爆，人们从前对真实的那种体验及真实的基础也一起宣告消失。新媒介的技术特征正在将众多非自然的、非真实的事项、文化和意义成分引入赛博空间，并且运用超文本或者超媒介的技术，为青年亚文化与外部现实世界的断裂创造出了一种"自然"的表现空间，遮蔽了人与现实真实关系的呈现，促成了青年亚文化表达方式的图像化转型。如此，即使在中国这样一个传统文化与现代、后现代多元文化并存的国度里，人与其所创造出来的各种社会文化意蕴之间，也同样不再是传统媒介时代那种明晰的主客关联关系，或文化符号与现实世界的直接对应关系了，而是更多地通过图像符号的表征系统去消解原有的话语体系，用多媒介符号去解构既存的文化类型和文化理念。

在这种社会和技术语境条件下，中国当代青年亚文化便以空前活跃的姿态走上了网络空间的前台，而使传统意义上的青年亚文化类型迅速移位至后台，蜕变成了所谓前新媒介时代的过气文化遗存。如果说，新媒介、新技术果真如麦克卢汉所说的那样"构成了社会机体的集体大手术"，那么毫无疑问，青年群体是这种大手术的率先操刀者。他们张开双臂，热情扑向新媒介，并借助新媒介、新技术来创造出属于自身的新的文化样式。青年亚文化在以互联网为基础的新媒介的激发下，正在如火如荼地燃烧。

二

以互联网为主体的新媒介对青年亚文化发展的影响比此前几乎所有的媒介都要广泛、深刻和迅捷得多——这不仅影响青年亚文化的多样性和传播方式，也影响它所提供的亚文化文本的存在形式和功能模式，还有亚文化生存、生长的整个生态环境和文化语境，从而促成了青年亚文化的盛行。

首先，借助网络媒介的快速成长和迅捷普及，青年亚文化已经从相对封闭的"小众团体"走向开放的"普泛化"的整体青年社会。以计算机网络为代表的数字媒介，从开发之初就预设了兼容和平权的机制。技术的"傻瓜化"强化了"网络世界人人平等"的可操控性，而友好的计算机界面和人性化的网络空间模糊了现实社会中身份、性别、收入、学历等等所带来的多重差异，最大限度地吸纳了青少年群体的加入，激发了社会不同阶层青年群体参与文化创造的热情，从而让亚文化从传统的另类、小团体模式中突围，成为青年群体共同参与、共同分享的文化。与此同时，网络、手机等新媒介的普及及信息资费的低廉化趋势，冲破了青少年使用新媒介的经济壁垒，更提供了亚文化生产、传播和共享的"普泛化"和"即时性"的媒介工具。

这里所谓由"小众"走向"普泛",其实质就是使青年亚文化的话语权回归青年本体,尤其是将青年的媒介话语权交还给青年。长期以来,青年是被基于成人价值观和世界观建构的成人文化话语强行描述的,而不是由青年自己的语言来编码的。比如,芝加哥学派对城市底层青年亚文化的研究,伯明翰学派聚焦的工人阶级青年亚文化,以及中国20世纪80年代以来的摇滚和地下纪录片的研究等,这些青年亚文化的研究,尽管也突出了青少年边缘化的问题,但由于研究者基本上是来自中产阶级的成人学者,因此,他们难免将青少年群体传奇化,并且忽略那些真正意义上的"普通孩子",从而使青年亚文化生产和传播被不同程度地圈定在某个阶层或者某个文化小圈子之内。同时,由这些成人学者的话语出发,青年亚文化往往被贴上类似这样的流行标签:主流派、非主流派、危险人物,等等。然而,网络技术传播重构的新公共空间能够向几乎所有的青年群体,甚至向游离于亚文化圈子之外的青年人群开启,从而确立了青年亚文化的普泛化存在和传播。可以说,网络媒介青年亚文化的普泛化趋势是青年亚文化的一大进步,也是青年群体文化创造力的一次解放。这种由青年群体广泛参与的青年亚文化的意义还在于,削弱了传统媒介镜像下和主流意识形态话语中关于青年亚文化的"道德恐慌"评价和"妖魔化"的叙述,也溢出了基于意识形态对抗和阶级斗争理论而对青年亚文化的界说和肯定,它在更大的程度上是通过新媒介技术而自我界定、自我指涉,并直接呈现,从而具有更多属于青年亚文化主体的言说权利。而这一事实当然也"逼迫"着青年亚文化主体言说之外的亚文化理论的调适和修正。

其次,青年群体通过谙熟地使用新的媒介技术为自身赢得了更为广阔和自由的"书写"空间。比如,网络媒介所特有的虚拟性和匿名性,就为青年亚文化提供了表达的自由通路,而自由表达始终是青年亚文化得以生产和传播的基本前提，它可以使青年据此克服青春期的怯弱、羞涩、拘谨和不成熟忧虑，不忌惮成人家长般的管制，充分自由地表达自我。毫无疑问，是新媒介为青年亚文化插上了自由表达的翅膀。

再次，青年亚文化通过新媒介技术的多媒介、多兼容、多互动的诸种特性，突破了传统亚文化风格的表达惯例，获得了更自如的、多样化的表达方式，从而形成了独特的青年亚文化风格。在新媒介中，那些新的技术呈现和表达方式，比如，媒介由语言文字符号、声音符号和影像符号向综合的数字符号转变，使文化的表达突破了对单一媒介的依赖，实现了青年亚文化表征符号的"脱胎换骨"。传统意义上亚文化的"符号"，主要体现在出奇的衣着方式、独特的言行风格、小众的音乐类型等方面。如赫伯迪格笔下的朋克族，"额上的卷发和皮夹克、小羊皮软底男鞋和尖头皮鞋、橡胶底帆布鞋和帕卡雨衣、摩登族的平头和光头仔的步伐、紧身瘦腿和色彩鲜艳的袜子、紧身短夹克和笨重的街斗钉靴，这乱糟糟的一切物体能够既'各就各位'，又显得'不合时宜'，这多亏有了惊世骇俗的黏合剂——安全别针与塑料衣、既令人畏惧又让人着迷的缚皮带与绳索"。而当下的青年亚文化群体压根并不希冀借助这些出格的外在"行头"来表达亚文化的"风格"和意义，他们更青睐于使用网络媒介所带来的新技术手段和技术装置去表情达意，将真实的主体形象以匿名的方式掩藏在赛博空间里。他们除了通过风格化的音乐表达自我外，更多的技术和手段随着网络媒介的发展被不断开发和利用，如Flash动画、在线游戏、动态相册、多媒介视频软件及MSN和QQ等在线聊天工具、Twitter和微博、搜索技术等。掌握这些技术的青年不再拘泥于某一种表达方式，而是杂糅了文字、图像、影像、声音等多媒介手段，轻松自如地参与到亚文化的生产和传播中。

最后，与上一点密切相关的是，青年亚文化的文化类型也迅疾由单一走向多元，致使基于网络新媒介技术的青年亚文化类型层出不穷，此起彼伏。当下，网络媒介上盛行的自拍文化、恶搞文化、迷文化、搜索文化、黑客文化、御宅族文化、游戏文化、同人女文化、Cosplay文化等，无不寄生于网络，活跃于网络。而掌握了新媒介技术的一代青年人甚至以网络技术为"武器"，在自我与成人世界之间筑起一道自我保护的"高墙"。这种通过技术壁垒逃避和主动隔绝主流意识形态及成人世界的文化影响，在虚拟"高墙"之内演绎别样人生的青年文化态势，只有在网络技术时代才得以成为现实。

另外，新媒介的发展也促成了青年亚文化传播方式的根本改变。其中最突出的，是由单向传播转换成多向交互式传播，由滞后性传播转换成即时性传播。除此之外，青年亚文化实践活动和文本内容的便捷上传、下载和在线生成，传播者和受众角色的合成及互为转换，虚拟空间与现实社会的互动聚合，均从物质、时间、空间、技术等多方面突破了原有的社会和技术性藩篱，在青年亚文化中间几乎实现了无障碍传播。

三

毫无疑问，上述新媒介语境下形成的青年亚文化的存在和传播方式，已经赋予青年亚文化崭新的文化实践意义。其中，最典型的莫过于青年亚文化"抵抗"精神的弱化乃至失落，以及亚文化自身多样化与娱乐化、全球化与消费主义的特质。这些导致青年亚文化步入极具后现代特征的"后亚文化"时代。

一如鲍德里亚、利奥塔、哈维等声称的那样，后现代文化的一个重要特征是资本在全球范围内更深层次上的渗透和均质化。这些过程同时也产生了更进一步的文化碎裂，时空经验的改变及经验、主体性和文化的新形式。换言之，网络媒介的无深度感、暂时性、分裂性和全球化特征，促使在其基础上生成和传播的青年亚文化不再可能抵抗任何单一的政治体系、主流阶级和成年文化，他们甚至不同程度地弱化了这一文化的某些"抵抗"的特质。因此，如果依然在反抗／抵抗的层面上去认识网络媒介下的青年亚文化，便显得方枘圆凿、扞格不通了，因为我们所处的世界早已发生"裂变"，二元对立和某一主流文化始终居高临下的观念也已被多元文化观念取代。

我们看到，新媒介语境中的青年亚文化特质，在传统的"阶级"和"年龄"之外，其可变因素也呈现出空前的多元性和复杂性，诸如身体、性别、种族、民族、时尚、图像等关键词，不断进入当代青年亚文化的内核和意义场域。也就是说，新媒介催生出的青年亚文化已经不再单单囿于某种风格鲜明而固化的文化类型，相反，许多特征明显不同的青年亚文化类型共时性地陆续呈现，甚至此起彼伏，随着时间的流逝，它们不断出现、繁盛，直到消失，周而复始，生生不息。青年人也不再仅仅将自己执着地归属于某一种亚文化类型，他们经常从一种亚文化类型转向另一种亚文化类型，或者同时属于几种亚文化类型，实际上建立起法国社会学家米歇尔·马菲索里所说的"新部落"，即社会群体之间的识别不再依赖阶层、性别和宗教等传统的结构因素，消费方式成为个人创造当代社交及小规模社会群体的新形式，"新部落没有我们熟悉的组织形式的硬性标准，它更多的是指一种气氛，一种意识状态，并且是通过促进外貌和'形式'的生活方式来完美呈现的"。这种新社交方式鼓励个人以不同的角色、性别、身份自由地参与多个流动的、临时的、分散的而非固定的部落，从而在部落之间动态地、灵活地定位自我。

事实上，不同阶层及不同教育、社会环境中的青年人总是分属于各种明显不同的群体,他们在观念、价值观和意识形态上都有着极大的差异性、多样性和异质性。恰如有着中国和加拿大双重血统的学者卢克指出的,在后现代时期成长的青年,"大约要经历 16 到 18 个不同的世界……这就像是在不同文本的海洋里航行一样。每一个文本都试图将你定位、出卖你、定义你"。这样的青年亚文化样本和青年亚文化族群,在网络媒介时代,不仅出现在传统的亚文化音乐生产中,也频繁出现在听觉和视觉技术中。所有这些媒介生产及其产品都渗透和塑造了青年亚文化的面貌,从而勾勒出万花筒般的青年亚文化面貌,正如默克罗比所评述的那样,"对表层的关注越来越彰显,意义被炫示为一种有意为之的表层现象"。

在这样的情境下,"抵抗"既模糊了着力的对象,也失去了明确的方向,娱乐的特性则得以放大。网络文学由"寓教于乐"转向"自娱娱人",网络视频聚焦重心由"艺术作品"转向"现场直录",网络语言由"精致合规"转向"生造逗乐",网络图像被技术率性"PS",甚至,传统、经典、权威、主流的话语、作品和表达都面临随时被颠覆和解构的命运。一代青年对待权威的方式并不是公然地抵抗和反对,而是采用拼贴、戏仿、揶揄、反讽的手段尽情调侃和讥刺,同时获取自我愉悦和狂欢。恶搞亚文化是最典型的范例,而其他在新媒介平台上活跃的文化类型,也无不充满着这种自娱自乐和无厘头的色彩。尽管这种娱乐化的过程往往不可避免地指向空洞和无意义,但是,我们必须看到,其对所谓主流、经典、权威的解构,依然凸显出文化心理的意义向度,那就是释放激情、缓解焦虑、宣泄不满、寻找自我及个体和群体身份的认同。也因此,或可以说,新媒介语境下的亚文化在弱化了"抵抗"色彩和精神的同时,将"抵抗"的意义稀释于娱乐化的表达之中。

新媒介语境下的青年亚文化除了具有弱化"抵抗"、多元发展自身文化和偏重娱乐化的特质外，还显现出向全球化与消费主义妥协的趋向。贝斯利认为，处在晚期资本主义之后的后工业化社会中，有两大特征影响青年亚文化的生长和传播，"一是被跨国公司而不是被单一国家影响和主导的消费社会，另一个是被信息技术、媒介和服务行业而不是被旧制造业赋予特征的全球化社会"。众多跨国组织，包括微软、苹果、可口可乐、时代华纳等跨国企业，世界银行、联合国等国际政府组织及绿色和平等非政府组织（NGOs）都在带动全球化进程，使诸如全球市场、商品化、消费、互联网、国际时装等日渐互相关联，甚至可能转向全球通用。与此同时，多元文化之间的差别和冲突在全球化进程中非但没有被抹平，相反，其因为交流的便利而变得愈加突出。然而，新媒介技术同时为弱势群体和个人提供了成本低廉、方便易得的传播场所，给了他们表达自己声音的极大机会。在网络新媒介世界中，谷歌、百度、MSN、QQ、Twitter、人人网、豆瓣、优酷等在全球资本、商业利益和中国经济市场化、开放化的驱动下，为持有一台电脑及上网设备或拥有一台联网手机的所有青少年人群提供了原创或传播自身文化信息的可能。同时，众多跨国企业还处心积虑地将青少年群体视为最完美的消费者，它们从市场缝隙、人口和心理特征、生活方式等全方位地对青少年加以细分，如叛逆者、"80后"、"90后"、网购族、冲浪迷、背包族等，并着眼于这些团体成员的多重文化身份、欲望需求及购买能力，有预谋地和积极地去培养他们特定的消费习惯和价值观念，从而建构起庞大的青少年消费市场。

今天的青少年更多是通过消费和市场层面而不是传统渠道，如家庭、组织、学校发现他们的身份和价值。其中，最典型的莫过于跨国公司在他们持续不断的广告运动中将消费身份和消费观念以各种炫目的手法植入青少年的认知和价值观中，从而消弭青年人在种族、阶级和性别上的区别，取而代之以时尚的风格、新的性别角色、新的认同、新的文化实践、新的家庭格局和新的社会团体等。事实上，今天的青年亚文化通过互联网络等新媒介的确能够更容易地了解外部文化，全球化的趋势也模糊了它们建立在不同国家、阶层、地域乃至性别基础上的青年亚文化特征。如果无视这一变化，我们将很难深入而准确地把握当今的青年亚文化本质。

四

新媒介技术促成的当代青年亚文化的盛行，意味着青年亚文化身份的"与时俱进"。但需要继续追问的是，新媒介语境中的青年亚文化能否真正延伸成为与主流文化交相辉映、互生互长的文化类型？新的青年亚文化能否为全社会的文化整合、文化调节与文化优化提供良性因子，从而有助于社会在追求民主、和谐中健康前行？

在某种意义上，青年亚文化似乎总是作为社会主流文化外的一种不和谐音响而被世人感知，作为一种偏离常规的乱象而令世人侧目。新媒介语境下的青年亚文化也是如此，它每每引发社会的"道德恐慌"，它往往印证着"娱乐至死"的担忧，它总是以个人主义的张狂稀释着各种集体性的凝聚力，它还可能在疏离、越轨、颠覆的行为中，破坏规范，陷入意义的虚无……所有这些，昭示着文化的断裂、社会的失序，也呼唤着文化的调整。但是，如果仅仅将所有这些作为对青年亚文化的指控，那便忽略了一个富有积极意义的观察视角，即将青年亚文化置于文化整体构成及其变迁之中加以观察。

一个显而易见的媒介文化图景是，新媒介点对点传播、传受互动乃至传受合一的特性，都可能使同质青年亚文化的呈现强度加大、加密，又使不同类型青年亚文化之间的交流、相融、再生更加便利。如此，多样化的青年亚文化不但丰富了新媒介自身的信息内容，也促使传统媒介和主流文化无法忽视网络上众多的亚文化实践及其文化符号和文化意义。事实上，网络虚拟空间的青年亚文化实践活动正在成为传统媒介跟踪、聚焦、报道的重要内容。青年亚文化已经陆续登堂入室，进入主流媒介视野，引发主流媒介关注。仅以近两年为例，人肉搜索、网络雷词、山寨春晚、贾君鹏事件、犀利哥等亚文化事件，无不是经由传统媒介介入传播后成为整个社会的文化事件的。同时，这些亚文化事件得以传播，也拓宽了传统主流媒介的传播口径，从而拓展了主流文化关于民主和宽容的理念。

不仅如此，新媒介语境下的青年亚文化实践，可能激发对主流文化的重新审视，丰富其内蕴，甚至促成新的文化整合。年轻人出于对动漫、游戏等的痴迷，自制道具和服装，扮演自己喜爱的人物。这本是一种私下的个体的娱乐活动，随着国家产业结构的调整，文化创意产业被提上议事日程，Cosplay也因此被整合进动漫产业链中，成为重要的内容之一。可以说，新媒介为青年亚文化新的生存方式提供了可能。它们既在网络世界兴盛并影响主流媒介、主流社会、主流人群乃至主流意识形态，同时，也在与主流媒介和主流文化的协调整合中进入主流，壮大自身。更进一步而言，这实际上涉及未来文化的可能性，即青年亚文化为文化的未来发展提供最初的动力、灵感和实验。现在我们可以说，PC的使用绝对是一种主流的技术文化，但是，许多人恐怕忘了，这一计算机文化肇始于乔布斯等人当年充满理想色彩的黑客亚文化实践。

正是在这样的意义上，自2005年起，我们高度而密切地关注新媒介语境下产生的一系列青年亚文化现象，并在2008年国家社科基金立项的基础上，对此展开全方位的理论和文化实践类型研究。丛书第一辑所收录的"迷族""恶搞""黑客""御宅""拍客""网游"及"Cosplay"仅是青年亚文化中最为活跃、影响颇大的几种类型而已，不足以代表所有的青年亚文化，但借此研究我们希望唤起主流社会和大众媒介、传播和文化研究的学者乃至全社会的高度重视，希望大家能抱着平等而非俯视、理解而非误解、尊重而非排斥的态度，与青年成为朋友，真正洞察他们之后，再因势利导，而非先入为主，树敌在先。青年是未来，谁赢得青年，谁就赢得未来。与此同时，我们也渴望这些亚文化实践的主体人群能从我们的研究中有所得益，能透过好玩、消遣、娱乐的表象，认识到自身文化实践对于自我、群体以及社会的意义和影响，从而保持源源不断的创造性和先锋性，以青年群体特有的方式，积极构建与主流文化的沟通和对话，为我们这个时代的文化创造和转型提供更多元的文化资源，为开放的文化生态贡献力量。

五

以上序言内容写于2011年末"新媒介与青年亚文化"（第一辑）出版的前夕。这套丛书共有七种，包括陈一著《拍客：炫目与自恋》，顾亦周著《黑客：比特世界的幽灵》，鲍鲳著《网游：狂欢与蛊惑》，易前良、王凌菲合著《御宅：二次元世界的迷狂》，曾一果著《恶搞：反叛与颠覆》，陈霖著《迷族：被神召唤的尘粒》和马中红、邱天娇合著《COSPLAY：戏剧化的青春》。此次重新收入的原序言仅对少数词汇和语句做了修改，主要考虑到丛书之间的延续性，也试图为迅疾变化和发展的亚文化现象和研究留下早期的痕迹。

丛书第一辑出版后我们便有了做第二辑的想法。选题几经讨论，最终于当年十月确定聚焦当时那些引人瞩目的新媒介青年亚文化实践，包括 iphone "越狱"、粉丝媒体、微博狂欢、网络涂鸦、字幕组、星座热及耽美同人。第二辑的写作与出版过程出乎意料地缓慢，前后花了近十年。在媒介技术和新兴科技频繁迭代、各领域快速向前奔跑、社会群体身不由己内卷的全速发展时代，十年太久了！在这期间，作者身份大多有所变化，研究方向也有所调整，但因为这套丛书的缘故，我们再次回归初心，克服诸多困难，坚持完成了写作，这令人倍感欣慰！当然，十年间，我们所从事的新媒介与青年亚文化研究并未停止。我们陆续出版了《青年亚文化研究年度报告》（2012、2013、2014、2015）四卷、《无法忽视的另一种力量》、《网络那些词儿》、《新媒介·新青年·新文化——中国青少年网络流行文化现象研究》，撰写了《移动互联网时代的亚文化研究》（未出版）等学术论著，始终保持着对新媒介与青年亚文化的观察和研究。

十年来，青年亚文化非但完成了前文所述的小众文化普泛化、网络空间文化实践日常化、自我表达媒介化、文化类型多样化等重要转型，而且在新兴数字技术的支持下，迅速蜕变成多种多样的时尚和潮流文化，使得青年亚文化的属性发生了一系列重大变化。主要体现为：

其一，青年亚文化已经不再是扰乱社会秩序的"越轨文化"，不再是向主导文化发起文化"仪式抵抗"的具有鲜明特色的边缘群体的文化，而是基于互联网社会化媒体"圈子"基础所形成的各种次级文化。青年亚文化与主导文化既相异又互动，两者融合共进，促进社会总体文化不断发展。首先，主导文化为青年亚文化提供了丰厚充沛的文化支撑。中华民族博大精深的传统文化、代表人类文明和新时代进步力量的先进文化、承载社会主义核心价值观的优秀文化等都是青年亚文化生成个性化风格源源不断的"文化资源池"。任何一种青年亚文化都依附于主导文化。耽美文化、涂鸦文化等从"文化资源池"中获取人设、场景、情节、语言和其他文化符号，再生成特定亚文化的风格。其次，主导文化与青年亚文化可以相互转换。曾经的青年亚文化可以成为主导文化，譬如字幕组从译介海外动漫、影视作品到译介网络公开课的华丽转身，成为知识分享的重要渠道；同理，过去的主导文化，或许也会成为今天的亚文化，比如作为国粹的京剧退隐至小众的票友文化。再次，青年亚文化具有先行先试的精神和积极探索的优势，能源源不断地给主导文化输送鲜活的文化符号和文化创新因子。这一过程，不仅能激活主导文化，使其更有活力，更深得人心，而且，青年亚文化符号融入主导文化之中，也导致一些亚文化慢慢主流化。

其二，青年亚文化实践的"新部落族群"特征愈发鲜明，字幕组、耽美圈、"越狱"者都不再单纯地仰仗地缘、职业、班级、阶层、性别等传统社会关系建构自己的社会交往，共同旨趣、相似消费、彼此共情成为个人创造当代社区及小规模社会群体的新形式。这种新社交方式鼓励人们以不同的角色、性别、身份自由地参与多个流动的、临时的、分散的而非固定的部落，从而在部落之间动态地、灵活地定位自我。随着亚文化实践准入门槛越来越低，参与亚文化实践的群体的身份也越来越多样化，小镇青年和乡村青年大量涌入，在新浪微博、短视频平台和二次元大本营B站都有着丰富多元、良莠不齐的内容分享和文化参与，从而促成亚文化规模上的去"亚"化，泛亚文化群体日渐壮大。

其三，青年亚文化持续不断地产出大量独特的文化符号，包括语言、图片、表情包、影像，也包括带有独特亚文化基因的"梗"。这些符号的所指与能指关系随着使用场景不同而流变，其文化表征和意义仅仅用单一概念，如"仪式抵抗""身份认同"等已无法深入阐释。丛书第二辑在青年亚文化娱乐化、混杂化、技术空间化等趋势及消费与创造等框架下对微博、星座、耽美、粉丝媒体、"越狱"、字幕组等网络亚文化展开分析,不仅关注语言文字、图像、视频所生产的各类文化符号所表征的风格和意义,同时也关注青年亚文化精神"抵抗"的弱化和"风格化"特征模糊之后的意义追问。微博空间中的喧哗、狂欢、批判、创意等文化实践,在获得情绪宣泄和自我愉悦的同时,也推动公共意见表达和文化创新。网络涂鸦的身体重塑、戏谑狂欢与话语游戏,既有微弱的抗争和表达,也凸显出娱乐化特性,将"抗争"的意义稀释于狂欢化的风格表达中。

其四,青年亚文化表现出更为明显的技术化和媒介化倾向。网络和数字技术是青年亚文化"圈地自萌"和形成新的交往模式的"基础设施",是青年亚文化生产、消费和传播的媒介平台,是青年亚文化表达、展演和创造的多媒体容器,也是青年亚文化多变风格和另类美学的技术底色。媒介技术则是青年亚文化于使用、消费和分享过程中形成自身价值和意义的途径、方式与空间,既拓展也限制了网络涂鸦的媒介空间和表达呈现,为粉丝媒体的不断创新提供了技术可能性,"越狱"更是以技术为核心建构起独特文化现象。数字技术的"傻瓜化"降低了进入亚文化的难度,使全民参与成为可能;数字技术又丰富了青年亚文化的表现形式,使其更吸引人。在新媒介技术的可供性开掘中,粉丝文化主体积极地建构新的亚文化媒介空间,参与文化生产和分享;网络弹幕技术改变了网民在线交互方式,更创造了一种共同在场的观影感受;AR 技术、Vocaloid 系列语音合成程序等人工智能技术将进一步改变亚文化的生态系统。

其五,青年亚文化的"平台化生存"。早期亚文化群体一般通过个人网站、论坛和邮件讨论组展开交流。初步壮大后，开始转移到商业网站（特别是门户网站）免费提供的论坛空间中。此时的商业网站尚未意识到青年亚文化的经济价值。它们提供空间主要是为吸引人气和流量。当亚文化的产业价值开始凸显时，专属的商业化平台就开始涌现出来。这里既有起始于亚文化群体且依然带着浓重亚文化色彩的平台，如B站、豆瓣网等，也包括更多由互联网公司以培育、扶持、收购、兼并等方式建立的平台，如起点中文网、新浪、抖音等。迄今，有代表性的网络青年亚文化基本都栖居于头部互联网大平台中。"平台化生存"为亚文化群体带来充分的技术红利。个人网站时期服务器到期或黑客入侵、门户网站时期因甲方改版被迫迁居等问题现在基本不存在了。技术又为亚文化群体带来统一的平台文化身份建制，即在亚文化生产者们被以不同等级区别之后，他们的知名度、粉丝数量、签约出版机遇及经济待遇随之发生改变，使其更具有文化生产能力。有庞大用户积累的大数据通过数据汇聚、算法、推送使亚文化实践深陷平台商业资本的逻辑之中，最典型的莫过于今日新浪微博通过平台操控将偶像文化"饭圈化"。

其六，全球跨国资本的持续不断的介入，将时尚风格、新性别角色、新身份认同、新文化实践、新家庭格局、新社会团体等消费身份和消费观念植入人们的认知和价值观中。互联网头部公司积极征用亚文化符号，也反过来成为网络亚文化最强劲的催生者和形塑者，从而将亚文化特有的文化资本转化为日渐兴盛的互联网亚文化产业。青年亚文化不再是个体单纯休闲娱乐的方式，转而成为富有个性化的生活方式，甚至成为青年人的职业选择。青年亚文化从小群体独特的文化旨趣转变成影响社会的力量：字幕组的跨文化传播对消除文化偏见、增进多元文化主体的互信互利有着积极价值；耽美文化对克服传统性别不平等及对多元性别的包容和理解起到不可小觑的影响；网络占星成为一种"新俗信"，有助于青年群体反思和建构自我，彰显了一种生活方式。

互联网高速发展并迅速融入社会生活的方方面面，深刻改变了大众，尤其是青年的生存和生活方式。互联网作为开放的网络亚文化生产、传播、消费和再生产的平台，生产主体越来越多样、参差。青年亚文化面广量大、良莠不齐，呈现出载体不一、平台影响力大小不均、监管难易程度不同等面貌倾向。如此，导致青年亚文化在整体平稳发展时有"脱轨"现象出现，有些甚至成为引爆社会舆论的热点事件。正是这些"易爆品"加大了青年亚文化发展的不确定性和风险性，比如占星、涂鸦、微博等文化实践中的低俗化、恶搞化、色情化，"越狱"、字幕组、耽美同人创作等文化实践对版权和其他知识产权的漠视，以及亚文化的某些负面现象对未成年人的不良影响等等，影响了社会主流阶层和社会大众对亚文化的客观评价，甚至引发管理部门对青年亚文化的监管要求越来越高，也由此引发亚文化的抗争、冲突和规避。一方面，主导文化需要合理包容青年亚文化；另一方面，青年亚文化需要自我净化，力争与主导文化并行不悖、融合共进。

六

"新媒介与青年亚文化"（第一辑）在发起之初，得到先后就任苏州大学出版社、清华大学出版社总编辑的吴培华先生的高度重视。他参加了提纲讨论、书名斟酌、初稿审议的多次会议，为当时尚处于边缘状态的青年亚文化研究鼓而呼，并在丛书出版遇到各种不可预测的困难时，鼎力相助，方使丛书顺利面世。他的敏锐和果敢，令人敬佩！

丛书第一辑入选"十二五"国家重点图书出版规划、国家出版基金项目，也是国家社科基金项目"新媒介与青年亚文化研究"的阶段性成果。第一辑出版后，获得了读者好评，尤其是那些文化实践的"当事人"给予的评价尤为我们所珍惜。丛书还先后获得中华优秀出版物奖提名奖、中国大学出版社优秀图书奖（优秀学术著作）、"苏版好书"等荣誉，其中，《COSPLAY：戏剧化的青春》入选2013年《中华读书报》百佳好书，获江苏高校第九届哲学社会科学研究优秀成果奖（三等奖）。丛书第二辑同样也入选"十三五"国家重点图书出版规划，并获得国家出版基金资助，这充分说明青年亚文化之于当下社会总体文化的重要性和不可忽视性。

即将面世的第二辑包括陈霖等著《粉丝媒体：越界与展演的空间》，曾一果、颜欢合著《网络占星：时尚的巫术》，陈一、曹志伟合著《网络字幕组：公开的偷渡》，杜丹著《网络涂鸦：拼贴与戏谑之舞》，杜志红、史双绚合著《微博：喧哗与狂欢》，顾亦周、刘东帆合著《"越狱"：自由还是免费》及本人著《耽美：性别身份的魔方》，一共七种。第二辑的出版工作得到了苏州大学出版社原社长张建初先生和现任社长盛惠良先生、原总编沈海牧先生和现任总编陈兴昌先生的鼎力支持。感谢诸位的宽宏大量。李寿春女士是丛书的具体负责人。没有她的全力协助、不懈敦促和倾心付出，这套书很可能早就夭折了！感谢所有相关编辑和设计师成全此丛书。

自2013年起，本人在苏州大学传媒学院为新闻与传播学研究生开设"新媒介与青年亚文化"课程，每年选修学生可达三四十人。同人们在苏州大学新媒介与青年文化研究中心主办的"读书部落"中研读媒介与文化的经典学术著作，分享青年亚文化研究心得，这样的交流持续了十多年，极好地维系了我们之间的友情合作。苏州大学的青年学子积极参与读书活动、课题调研、资料收集和研究工作。与他们的交流和协作给予我们源源不断的新体验、新认知和新观点。感谢十年来选课和参与研究中心学术活动的所有师生。希望青年亚文化生生不息,我们的研究也可永续!

马中红

2021年夏于苏州独墅湖畔

目录

微博是什么/1
传播新范式/3
个人信息门户/14
媒介化"对话"/19
言语的街舞/25

"微博控"的世界/29
我微博故我在/33
全天候"情人"/40
肆意的文本/46

认同的快感/53
追捧"最右君"/57
转发就是力量/61
"呸"的接力/64

哄笑即意见/69
哄笑主体的多元化/71
哄笑对象的全包性/76
哄笑含义的双重性/78

流行语的狂欢游戏/81
粗鄙的流行/85
反讽的表演/89
创造的智趣/91
娱乐的肆意/103

话语力量的想象/107
话语的释放/110
平等的幻象/114
自由的追寻/116

戏谑中的颠覆/121
常规的悬置/124
背离的曲线/127
权威的脱冕/128

狂欢的仪式/129

追忆的乐园/133

"杧果没必要加个核"/135

打捞微博记忆/138

主要参考文献/143

后　记/146

微博是什么？2010年，人们叫它"围脖儿"，并以各自的方式获得其使用体验。随着时间的流逝和岁月的更迭，微博也在不断发生着嬗变。早期的微博，是人们在新媒介上的言语活动。那么，这种言语活动有什么特点？它带来了什么？又如何催生了一种新型的网络亚文化形态？

微博是什么

传播新范式

2010年2月初,笔者和朋友来到苏州市金鸡湖畔的一家餐厅吃饭。在等上菜的空当,笔者在手机短信上编写了一行字:"在李公堤的代官山吃饭,窗外雨疏风骤,金鸡湖水波涛汹涌。"然后在收件人栏里找到"新浪微博"的名字,单击"发送"按钮,这条短信瞬间就出现在笔者刚开通不久的新浪微博页面上。(图1-1)

> 夜雨潇潇,湿湿漉漉,寂寂无声。这就是江南的腊月二十三。
> 2010-2-6 21:49 来自微博 weibo.com | 👍 | 转发 | 收藏 | 评论
>
> 在李公堤的代官山吃饭,窗外雨疏风骤,金鸡湖水波涛汹涌。
> 2010-2-6 13:59 来自短信 | 👍 | 转发 | 收藏 | 评论
>
> 从2011年开始,大家都在网上自己做自己的春晚。
> 2010-2-6 11:20 来自微博 weibo.com | 👍 | 转发 | 收藏 | 评论(1)
>
> 试一下手机写微博的效果,以后好在旅途中报道news。
> 2010-2-6 09:53 来自短信 | 👍 | 转发 | 收藏 | 评论
>
> 过年,不是你到父母家,就是父母到你家,总之少不了奔波,春节在当今时代变成了奔节。
> 2010-2-6 08:31 来自微博 weibo.com | 👍 | 转发 | 收藏 | 评论
>
> 终于开微博了,希望赶上了这个潮事儿。
> 2010-2-6 08:02 来自微博 weibo.com | 👍 | 转发 | 收藏 | 评论(2)

图1-1 笔者首次在新浪微博上留言
(资料来源为 https://weibo.com/zhdu/profile?is_all = 1 & stat_date = 201002 & page = 5 # feedtop)

这一天也是笔者刚刚学会使用新浪微博的第一天。后来笔者多次翻看自己最初在新浪微博上的"牙牙学语",发现自己在那一天当中总共发了六条微博,足可见当时刚刚学会了一个"新技能"之后的兴奋和激动。这六条微博,每条都不长,仅仅是短短的一句话，从十几个字到几十个字。但是，若从内容上分类，可以发现其中有见闻、评论、广告、感怀，基本涵盖了传统报纸上的版块类型。

当笔者回头看最初在新浪微博上留下的这些文字，就好像在看一个幼儿蹒跚学步的过程。这些文字连同刚刚诞生不久的微博平台，看上去是那么的青涩稚嫩、满怀憧憬，又是那么的鲜活灵动、生机勃勃。

出门在外，看到想记录下来的事物，或者想告诉别人的事情，只要在手机上编写几句话，就能很便利地发到一个属于自己的网站页面上，这个网站页面还能被关注自己的人看到——这种体验给笔者的感觉，在当时恐怕可以用"石破天惊"来形容都不为过。

当时，笔者之所以要发这条微博，是因为在当天上午，笔者刚刚学会了用手机短信向新浪微博页面发送信息这项"新技能"。笔者那条试发的信息是："试一下手机写微博的效果，以后好在旅途中报道 news。"在当时的笔者看来，这是一件异常神奇的事：不论走到哪里，都能够通过手机将自己的信息发布到一个公共的平台上。它意味着，人们从此可以摆脱坐在电脑前才能在网上发布信息这个束缚，可以实现"随时随地分享身边的新鲜事儿"①。而以当时的认知，笔者觉得这项"新技能"最大的用途是在旅途中报道新闻。它说明，笔者对微博的认知，是把它作为一个新的新闻报道平台或载体来认识的，根本没有意识到，由微博开创的这种新型传播范式，掀起的是此后 10 年整整一个时代媒介创新和文化创新大幕的一角。

对新浪微博的摸索过程，伴随着对它的理性认识过程。在 2010 年年初，许多有新闻敏感性的新闻传播学者开始在新浪

> 由微博开创的这种新型传播范式，掀起的是此后 10 年整整一个时代媒介创新和文化创新大幕的一角。

---

① 新浪微博早期宣传语。

微博上探讨对于微博的认知（图1-2）。

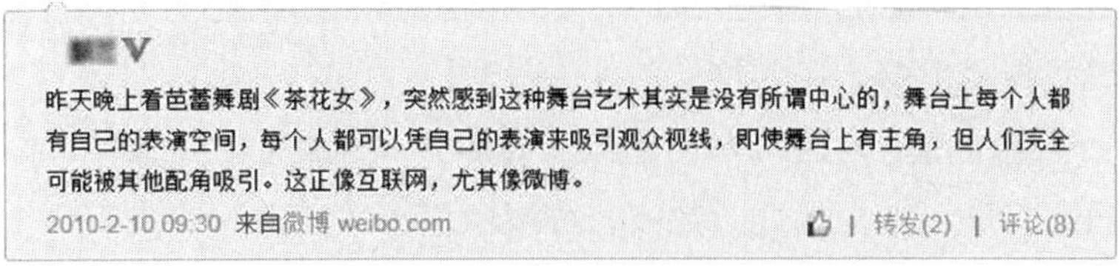

> ▇▇ V
> 昨天晚上看芭蕾舞剧《茶花女》，突然感到这种舞台艺术其实是没有所谓中心的，舞台上每个人都有自己的表演空间，每个人都可以凭自己的表演来吸引观众视线，即使舞台上有主角，但人们完全可能被其他配角吸引。这正像互联网，尤其像微博。
> 2010-2-10 09:30 来自微博 weibo.com　　👍 ｜ 转发(2) ｜ 评论(8)

图1-2　某新闻传播学者新浪微博截图

（资料来源为 https：// weibo.com/p/1003061050746712/home? from = page_100306_profile & wvr = 6 & mod = data & is_all = 1 ♯ place）

从某新闻传播学者发在新浪微博上的文字来看，微博刚刚兴起的时候，人们对它的认识处在一种摸索的状态中。这种现象在电报、广播、电影、电视、互联网等刚刚兴起时都曾经发生过：任何一种新媒介只有伴随着人们对它的认识、理解和使用，才能有效地嵌入社会生活中，从而在经济、政治、文化等方面施加影响。

任何新媒介的出现，首先会伴随着一种新的技术形态。中国人所使用的微博，从技术上看，是对美国同类互联网应用的一种模仿。

2006年，两位美国年轻人研究出了一种互联网应用，并为这个新的网站取名为"Twitter"。令他们没有想到的是，仅仅过了3年，Twitter超过所有社会化媒体，成为Web2.0时代最为火爆的互联网应用之一。中国国内的一些年轻人也开始开发同类应用，但是都没有火爆起来，直到新浪微博的出现。

2009年，新浪微博正式上线测试运行，这种新型的互联网应用迅速风靡全国。随后，腾讯、搜狐、网易等门户网站，人民网、凤凰网等媒体网站也都相继推出了微博。据报告显示，截至2012年12月底，我国微博用户规模为3.09亿，网民中的微博用户比例达到54.7%。手机微博用户规模为2.02

亿，占所有微博用户的 65.6%，接近总体人数的三分之二。①然而，几年之后，许多微博平台逐渐淡出了人们的视野，新浪微博成了微博的代名词。

在微博上，任何人在任何地方都可以通过手机短信、即时通信工具、电子邮件、数字音频或网页来发布简短的内容，上传照片、音频、视频。在 2016 年之前，微博曾有 140 字符的限制，虽然文本较小，但由于与其他媒介高度融合的特性，真正实现了随时随地获取并分享信息的功能，并表现出了强大的传播态势和能量。人们认识到这些传播态势和能量，也正是从它作为新闻传播渠道的新属性和新特征开始的。微博影响力不断壮大的过程，恰恰伴随着国内许多热点新闻事件的发生，或者网络舆情的聚集。新闻与微博产生的这种密切的关联，首先冲击到了包括报纸、广播、电视在内的传统媒体的生态环境，使传统媒体原有传播格局的大堤从此被冲开了一个巨大的决口。

微博能够有此威力，原因在于它是基于新传播技术所建立的新型传播范式。

美国科学哲学家库恩曾经指出："范式一改变，这世界本身也随之改变了。"② 那么什么是"范式"呢？库恩认为，"一个范式就是一个公认的模型或模式"③。在科学领域中，一种范式的改变，意味着人们看世界方式的改变。新范式会指引科学家采用新的工具，研究新的领域。"接受一个新范式的科学

---

① 国务院新闻办公室. CNNIC 发布第 31 次《中国互联网络发展状况统计报告》[R/OL]. (2013-07-17) [2020-10-15]. http://Scio.gov.cn/ztk/hlwxx/zyhlwyzhy/zghlwxz/document/1345574/1345574.htm.
② 库恩. 科学革命的结构（第四版）[M]. 金吾伦, 胡新和, 译. 北京：北京大学出版社, 2003: 101.
③ 库恩. 科学革命的结构（第四版）[M]. 金吾伦, 胡新和, 译. 北京：北京大学出版社, 2003: 21.

家会以与以前不一样的方式来看这个世界。"① 在一个新范式中,不仅包含着新的概念、新的技术,而且包含着新的观念、新的理论认识和实践行动。"任何'范式'都意味着由一定的概念或术语、一定的世界观(主要是信念与价值)、一定的范例所构成的实践模式或理论模式。"② 从范式的角度来看微博,才能认识到,它绝不只是一个互联网的新应用,或是新闻传播的新载体、新渠道而已。用喻国明的话来说就是,互联网是一种"高维媒介"。③ 它对传统媒体的冲击,是一种"降维打击"。而微博,就是这种降维打击发出的第一波导弹。在微博诞生后的10年间,这种降维打击,一波接着一波,微信、视频直播、短视频……新技术应用层出不穷,直接将报社、电台、电视台的辉煌时代,写进了历史的回忆中。

那么,微博所具有的新传播范式,有着怎样的特点呢?概括起来就是,微博不仅是传播高速度和高互动的集大成者,而且是媒介介质融合和传播类型融合的典范,创造了互联网空间中自媒体和社交媒体的最初形态,从而开启了人类传播史上的个人信息门户时代。

> 微博不仅是传播高速度和高互动的集大成者,而且是媒介介质融合和传播类型融合的典范,创造了互联网空间中自媒体和社交媒体的最初形态,从而开启了人类传播史上的个人信息门户时代。

1. 微博是高传播速度和高互动性的集大成者

相较于报纸来说,广播、电视的传播速度和互动性是传统媒体中相对较高的,因为广播、电视可以以直播的形式进行传播。但是,除非是事先安排的仪式性直播可以做到与事件过程同步,在一些突发性事件中,广播、电视的传播速度就相对滞

---

① 库恩. 科学革命的结构(第四版)[M]. 金吾伦,胡新和,译. 北京:北京大学出版社,2003:104.
② 董天策. 民生新闻:中国特色的新闻传播范式[J]. 西南民族大学学报(人文社科版),2007(6):89.
③ 喻国明. 互联网是一种高维媒介[J]. 南方电视学刊,2015(1):15.

后。因为,其传播速度取决于记者赶到现场的速度及其迅速展开报道的能力。广播、电视可以与听众、观众进行互动,诸如在直播节目中引入热线电话、短信投票、平台留言等,但是这种互动性的水平相对较低,受众之间难以形成有效互动。以上问题,在微博的应用中得到了很好的解决。

(1) 微博的高传播速度

微博传播信息的速度无疑是目前所有媒体中相对较快的。特别是在突发性事件中,微博越来越多地作为第一报道者的角色出现。因为它直接减少了新闻记者这个中介物所需要的新闻获知的时间,也减少了审核把关的程序,新闻信息直接借助事件第一见证人的身份向外传播。例如,在2011年的"7·23甬温线特别重大铁路交通事故"中,微博就扮演了最快的传播媒体的角色。

2011年7月23日20点27分,新浪微博网友"Smm__苗"发出一条微博:"狂风暴雨后的动车这是怎么了?? 爬的(得)比蜗牛还慢……可别出啥事儿啊……"[1] 这条微博几乎是提前"预报"了几分钟后将要发生的那场灾难。

20点30分,几乎在事故发生的同时,新浪微博网友"袁小芜"发出第一条关于事故的微博:"D301在温州出事了,突然紧急停车了,有很强烈的撞击。还撞了两次! 全部停电了! 我在最后一节车厢。"

据新华社报道,"袁小芜"的微博,比国内媒体在互联网上的第一条关于"列车脱轨"报道早了两个多小时。[2]

---

[1] 霍忏,来扬. 动车追尾事件的微博版本[EB/OL]. (2011-07-25)[2020-10-15]. http://www.163.com/news/article/79PG9P22000/4AED.html.

[2] 任丽颖,朱峰. 网民微博曝出温州列车追尾事故早于媒体两小时[EB/OL]. (2011-07-24)[2020-10-15]. http://news.sina.com.cn/c/2011-07-24/152422867872.shtml.

20点47分，新浪微博网友"羊圈圈羊"发出第一条求救微博："求救！动车D301现在脱轨在距离温州南站不远处！现在车厢里孩子的哭声一片！快点救我们。"①

正是这些身处突发事件中的乘客，用新浪微博向外界最早传递了事故发生的信息。而经过新浪微博网友的转发，从当天21点左右开始，这个突发事件成了新浪微博上一个滚动的新闻热点。

微博的这种高传播速度，源于其不同于传统媒体的两个独有特性：一是微博使用者在空间上的广泛分布。只要是新闻事件发生的地方就有微博的使用者和必要的通信信号，就可以实现微博的传播。二是微博传播手段的多样化。从个人计算机、个人计算机客户端到手机互联网、手机客户端，从手机短信、手机彩信到平板计算机、平板计算机客户端，从即时聊天工具到各种第三方应用，都可以很便利地进行信息的发布和传播。这一点也是传统媒体所不能比拟的。

(2) 微博的高互动性

与微博的传播高速度紧密联系的是其高互动性，或者说，微博的传播高速度与其高互动性密不可分。一条微博发出后，只要信息有传播价值，就像长了翅膀的鸟儿，可以自行展翅飞翔。这种自传播机制，是建立在微博用户之间的互动基础上的，而不是建立在受众与媒体机构之间的互动基础上的。

转发是微博自传播速度的核心。每个微博用户就是微博上的一个"节点"，经过转发，信息就会从一个节点产生"裂变"，飞向无数个新的节点。转发突破了传统媒体一对多的"撒播"状态，形成了信息在无数节点之间进行复制的繁殖状

---

① 林阿珍，刘洋. D301乘务人员带伤疏散旅客 志愿者徒手扒出尸体[EB/OL]. (2011-07-26)[2020-10-15]. http://news.cntv.cn/china/20110726/100344.shtml.

态。因此，其传播效果是在多维空间以立体式的形态呈现的，而不是以单向线性式的形态呈现的。

微博的转发机制，操作非常简便，只要单击转发按钮，就能将其他人的微博一键转发到自己的微博页面上，而无数人的转发，能够瞬间让一个内容成为万众瞩目的热点。而且，微博的转发机制，很好地保护了原创内容的"原创权"，因为所有的转发，都可以让人看到首发者的微博页面。后来模仿微博的微信朋友圈，去掉了这个转发功能，只保留了点赞和留言功能，这就极大地弱化了朋友圈内容的传播功能。之后，微信不得不再用公众号来进行补救。但是对于非公众号的内容，人们要想转发，只能先下载保存，再重新发到朋友圈里，如果不刻意标注内容来源，原创者的"原创权"是没有办法得到保护的。即便是后来的视频直播也好，短视频也好，要想转发也必须先下载（或复制链接），这些都没有微博转发功能便捷、高效，也没有微博互动性强。

除了转发之外，评论、呼叫、私信等都是人与人之间互动的表现形式。从时间上来讲，这种互动可以是共时的，即双方或多方可以在同一时间进行交谈；也可以是非共时的，即微博用户的评论、呼叫、私信等可以让对方在不同的时间看到，而且只要对方登录自己的微博，就一定能够看到。从空间上来讲，这种互动可以是私密的，即双方可以通过私信的方式进行互动；也可以是开放的，即双方的互动可以反映在评论栏里，被无数的旁观者看到。从对象上来讲，微博用户具有天然的平等性，即使是传统媒体开办微博，也是作为一个普通的微博用户而存在的，网友的转发、评论、呼叫、私信等都可以在微博平台上显现，微博平台的运营者可以很便利地与网友进行互动和交流。可以说，微博上的互动是目前为止互动性颇强的一种媒介传播方式。

后来出现的微信、视频直播、短视频等新媒介,在互动的设置上,都或多或少借鉴了或优化了微博的这些互动方式,从而成为一个个各具特点的社交媒介。

2. 微博媒介介质融合和传播类型融合的典范

1983年,美国学者伊契尔·索勒·普尔在其《自由的技术》一书中指出:"一种物理形态的网络将能够承载所有类型的媒介服务,而一种媒介服务也可以发布于任何物理形态的网络。"[1] 这被认为是对"媒介融合"现象的最早预测。参照他的解释,"媒介融合在最初的意义上是指'传播介质融合',即文字、图片、声音、图像等多种传播介质合为一体,组成一个更先进和更便捷的信息传播平台——互联网"[2]。

尽管后来有学者在媒介介质融合的基础上,提出了诸如媒介组织融合、媒介所有权融合、媒介文化融合、媒介产业融合等各种命题,但是这些命题并未在实践中有成功的案例,因而引发了广泛的争议。但是,如果回到媒介融合最初的意义上来考察,可以说,微博就是媒介介质融合的典范。在微博上,可以很方便地看(听)到文字、图片、声音、图像等所有传播介质的内容,而且在这些介质之间可以形成有效的呼应或互动。

例如,一条短视频可以链接到一条微博里,但是为了更好地提示其他人观看,微博用户可以从视频中截取一幅或几幅图片放在视频链接的旁边,许多人根据这些图片来决定是否点开视频进行观看。同时,为了吸引更多人的眼球,微博用户还可以用文字对视频的内容进行简介、评价,来引导其他人进去观看。微博这种各介质间的内在结构,使其成为网络营销的

---

[1] 邓建国. 媒介融合:受众注意力分化的解决之道——兼与"反媒介融合论"商榷[J]. 新闻记者, 2010(9): 56.

[2] 赵星耀. 认知媒介融合的既有理念和实践[J]. 国际新闻界, 2011(3): 66.

利器。

微博不仅是媒介介质融合的典范,也是传播类型融合的典范,它涵盖了自我传播、人际传播、组织传播、大众传播四种传播类型。

当一个微博用户的粉丝数为0时,使用者发表的微博内容就相当于在和自己对话。这既是一种自省自励的行为,也是一种标准的自我传播方式。但是,由于微博具有公开性,即使微博用户的粉丝数为0,其微博内容也有可能被其他微博用户看到。例如,通过随意浏览或关键词搜索,其他微博用户都有可能看到微博内容。因此,微博从自我传播转向人际传播的界限极易被逾越。当微博被评论、被转发或微博用户之间私信交流时,微博的传播类型就在瞬间演变为人际传播。一些微博用户发现了某些微博用户所写的内容与自己的兴趣相投时,则会对其加以关注,成为其传播内容的固定订阅者,每天打开微博看着自己关注的对象在微博上"说话"。这就成为人际交流的一种新的方式。

当然,微博也可以轻易建立起一个个社区或者"群",当微博用户在一个共同加入的"群"里探讨问题时,传播类型就具有了群体传播的性质。而当一个微博用户的粉丝数足够多时,它就具有了大众传播的性质。以当时的"微博女王"姚晨为例。截至2012年11月底,姚晨的微博粉丝数已达到了2 800万以上,这个数量相当于一个收视率很高的地方卫视台的观众数量。从理论上讲,姚晨只要在微博上说一句话,就至少有2 000多万微博用户可以看到。这不是大众传播又是什么呢?

需要指出的是,微博这种大众传播与传统媒体大众传播有一个本质的区别,就是后者是一种组织化的、结构化的传播,而微博这种大众传播则有可能是非组织化的、非结构化的传播，是一种具有后现代特征的大众传播类型。

而且，前述四种传播类型，在微博上可以互相转换，也可以同时共存，并根据使用者的需要，选择关注与不关注、评论的关闭与开放；可以选择登录时是隐身还是现身，也可以用"悄悄关注"的方式，让被关注者不知道自己的存在。总之，这些使用方式和权限开放的设置，可以让四种传播类型在微博上能够自由转换。

与博客相比，微博虽然有字数限制，但是它的长微博和图片功能，可以链接较长的文章，使其具有博客的长度和深度。在阅读时，博客用户必须到对方首页阅读博客，而微博用户在自己首页上就能看到别人的微博。此外，与博客相比，微博具有更强大的自传播速度。博客主要是靠网站推荐带来点击量，而微博主要是通过粉丝转发来增加阅读量，而且这种转发完全是一种自主互动。

与QQ聊天工具相比，微博的谈话内容可以公开，也可以私密，让微博用户有了更多元的选择。微博的私信功能，可以很好地满足微博用户私密聊天的需求，而它的回复、转发、评论、呼叫功能都天然地带有聊天的作用，而且这种聊天是一种公开的状态，别人可以围观这种聊天，从而实现人际传播的大众化。特别是呼叫功能，就是在微博页面上用@符号加上被呼叫者的微博名，就可以直接呼叫其人，不管对方是否回应，只要他打开微博，就一定能够看到。而且这种呼叫行为，既可以是私密的，又可以是公开的，发起对话者可以将对方置于众目睽睽的广场上，这在现实生活中处于不同时空的陌生人之间是无法实现的。

个人信息门户

加拿大著名媒介学者麦克卢汉指出:"任何媒介(即人的任何延伸)对个人和社会的任何影响,都是由于新的尺度产生的;我们的任何一种延伸(或曰任何一种新的技术)都要在我们的事务中引进一种新的尺度。"① 笔者认为,麦克卢汉所说的这个"新的尺度",应该包括媒介对人与自我、他人与社会的关系的塑造功能。

微博优先塑造的是媒介、信息与人的新型关系,即人对媒介的使用方式和人对信息的支配权力的双重变革。

早期微博内容的呈现方式大体上有三种,它们分别呈现出三种不同的内容"版面",在表征体系上分别对应着社会、自我和他人。

第一,首页。它是指微博用户关注的所有微博内容显示的页面。这些来自不同关注对象的微博内容,会按照时间顺序在屏幕终端自上而下地呈现,或者按照智能排序呈现。每一条微博内容之间没有必然的逻辑关系,但是这些零零散散的微博内容背后是微博用户的社会关系网络的体现。这些信息或许是碎片化的,但是构成了微博用户了解世界的窗口。同时,每个微博用户选择的关注对象不同,造成了每个微博用户的微博首页上呈现的内容是不同的,甚至可以说是独一无二的。每个微博用户关注的对象越多,自己微博首页的内容也就越丰富。

第二,主页。它是微博用户的微博页面,上面一般显示的是微博用户自己书写的内容或转发的内容。书写的内容,会因

---

① 麦克卢汉. 理解媒介:论人的延伸 [M]. 何道宽,译. 北京:商务印书馆,2000:33.

人而异。有人记录自己每天的活动或心情，有人记录生活中的见闻或趣事，有人表达对时事、社会的观点。这些内容有的逻辑完整、文体独特，有的语焉不详、半遮半掩。转发的内容，则是微博用户从关注对象的微博里"淘"出来的，并转发到自己的微博页面上。在转发时，微博用户可以评论，也可以不发表评论；可以用文字评论，也可以用微博上的各种表情来表达态度。一般来说，这些内容体现了微博用户自己的兴趣所在、认同倾向。

第三，别人的微博页面。微博用户可以从自己的微博页面上，点开其他任何一个微博用户的页面，并查看其以往的微博内容，并决定自己是否关注此微博用户，或者是否取消已有的关注；而且，也可以从这个微博用户的页面上，认知和探究其身份、兴趣、学识、性格、气质、生活习惯等一切近乎隐私的信息。这些隐私的信息，既包括微博内容传递的信息，又包括微博使用习惯传递的信息，如每条微博转发和评论的时间，可以反映出微博用户每天登录的习惯、在微博上浏览的时间及其作息习惯等。

微博页面的这三种呈现方式之间，可以很自由地跳转，因此微博用户对微博内容的浏览是一种动态的超链接的过程，只要微博用户不断地刷新微博，微博上的内容似乎是永远看不完的。这种内容的动态更新过程，常常让微博用户忘记时间的流逝，从而保持微博用户的黏性。在微博之后出现的微信、视频直播、短视频等新媒介，无不具有这种"刷看"的浏览方式和内容呈现机制。

正是基于微博页面的这三种呈现方式的优势，微博逐渐成为个人信息门户。这使得微博的应用不仅成为依照微博用户社会关系而建立的内容生产和交换的平台，而且成为"人们与外界进行双向信息交换的'窗口'，也是他们构建自己社会关系的平台,同时还是网络化生活与工作的基点"①。个人从此拥有了自己的信息门户或者"信息门店",这在人类传播史上还是第一次。

作为个人信息门户的微博,其功能主要包括以下两个方面:

第一,发布信息的门户。微博之所以能成为个人信息门户,主要得益于其发布信息的便利性。这种便利性不仅指其页面操作相对简单,人们只要会打字、会说话,就可以发布微博内容;还指其发布信息的渠道和方式相对多样,真正做到了"随时随地",从计算机、平板计算机到手机,各种移动设备的终端都可以向微博页面发布信息。这些发布的信息可以是文字、照片、音频、视频等,微博用户能够自由地对其进行转发、分享、评论,实现信息的再传播。因此,从理论上来说,微博可以成为一个人(或组织)的通讯社、报社、电台、电视台等。

第二,管理信息的门户。微博用户可以通过浏览首页,呈现自己所关注的微博内容,这个浏览的过程就是一个信息筛选的过程。当微博用户决定转发某条微博时,就意味着筛选有了一个结果。在这个过程中,微博用户可以自己决定哪条信息应该被"过滤掉",哪条信息应该被"拣出来",转发到自己的微博页面上。微博用户做出这个决定的背后,体现的是一套属于他自己的世界观和价值观。这样,微博用户就通过这个过程实现了对信息的认可、接纳或反对的一种有效管理。在这里,信息不再是一种散乱的存在,而是一个包含了自主选择、编辑甚至评论的过程,从而打上了深刻的个人烙印。

---

① 彭兰.从"大众门户"到"个人门户":网络传播模式的关键变革[J].国际新闻界,2012(10):8.

作为个人信息门户的微博,其传播模式具有与传统大众传媒完全不同的特点。每一个微博用户(节点)都是一个传播中心;信息沿着人们的社会关系网络在流动,关系成为信息流动的渠道;每一个信息的落点和流动的路径直接可感,受众的信息阅读的深度、信息引发的意见等,也更容易观测;信息的传播过程不是简单的信息的复制过程,而是信息的不断再生产过程;经由个人的社会关系网络进行的信息传播,更好地实现了信息消费的个性化;每一个传播者的起点在理论上都是相对平等的,即使是专业媒体,如果没有足够多的关系渠道,其内容也难以实现有效传播。①

可以说,拥有自己的个人信息门户这件事,在传播史上是开天辟地的。报纸、广播、电视,虽然在诞生之初,也曾被一些个体所拥有,但那是极少数人才会拥有的机会,而且后来都无一例外地被整合、收编,要么被改造成赚钱的平台,要么被改造成宣传的工具,并且都以媒体机构的形式而存在。机构里的从业者每天写的字、说的话,都代表了机构、老板或政党、政府,乃至社会公共性的立场——从业者很少说个人私事、个人观点。也就是说,从业者只是媒体机构的一个螺丝钉,他不能把媒体当作个人信息门户,只能代表公众来行事和说话,否则就有违职业道德,涉嫌"公器私用",这是不被允许的。

从这个意义上说,拥有个人信息门户,真正让个体以自我的方式看待这个世界,也以自我的身份对这个世界说话。这无疑改变了话语的传播格局,也让这个世界充满了话语间的繁杂和喧嚣。用库尔德利的话来说,微博代表的是一种与大众媒介

---

① 彭兰. 从"大众门户"到"个人门户":网络传播模式的关键变革[J]. 国际新闻界,2012(10):8-9.

性质完全不同的新型媒介,即"人对人的媒介(person-to-person media)"①。斯丹迪奇认为,这种人对人的媒介,是一种双向的交谈环境,"信息沿社交网络从一个人横向传给另一个人,而不是由一个非人的中心来源纵向传播"②。这意味着,信息传播开始具有了个人化的色彩,是一个个"具体的人"(后来机构注册的微博账号除外)在对信息进行处理,而不是像大众媒体那样以一个机构的名义对信息进行处理,这就让公共空间里的信息传播第一次与某种人格责任绑在了一起,从而成为一种"人格化的信息",而不是一个公共机构的信息。虽然在媒体机构中,记者或编辑的署名也意味着其需要承担一定的责任,但是总体上的责任还是由媒体机构来承担的。

微博就像搭建了一个广场,类似农村人赶集的庙会,许多人聚集在一起,在数字空间里形成了一种特殊的广场活动或集会。置身其中的每个人都在跟别人说话,每个人说着不同的话,因为不同的事而说话,这是一种人声鼎沸的喧嚣。正是这种喧嚣,让人们感觉到自己的存在,以及这个广场或庙会的存在。

为什么人们需要这样的"人对人的媒介"?斯丹迪奇认为,人类作为灵长类动物,天生就是社会性动物,其大脑的进化似乎专门是为了加工社会信息,"人在社交关系网中评估和维持自己地位的一个主要方法是与别人交流信息和交流关于别人的信息(即流言),人们通过传播流言,可以宣示自己在群体中的地位,和别人建立关系"。"和动物梳毛一样,花时间和某人

---

① 库尔德利. 媒介、社会与世界:社会理论与数字媒介实践[M]. 何道宽, 译. 上海:复旦大学出版社,2014:2.
② 斯丹迪奇. 从莎草纸到互联网:社交媒体2000年[M]. 林华, 译. 北京:中信出版社,2015:5.

聊天是建立或加强社会纽带的一种方法,传播流言是远距离的梳毛。"①从这个意义上来讲,早期微博被人们戏称为"围脖"或许就可以理解——拥有个人信息门户,就像每个人在寒冷的冬天,都可以拥有一条围在脖子上的围巾,人走到哪里,围巾就跟到哪里。只不过,这条围巾是用信息"织成"的,它可以随身携带,并通过它与自我以外的世界随时建立联系。

"远距离的梳毛",是个非常形象的比喻,它揭示了微博的出现与早期人类社会的某种连接,也揭示了此后10年各种社交媒体诸如微信、视频直播、短视频等轮番登场的本质,那就是每个人都会拥有一个或多个社交媒体账号,用以发出或转发信息或表达观点,从而拥有一个属于自己的个人信息门户,在那里表达自我、表现自我,并建构自我形象,实现自我的社会化。

媒介化"对话"

回望自己发在微博上的文字,你会发现它不是文章,而是"言语"。这些"言语"不仅会"说话",甚至会"喃喃自语"。笔者刚刚开通微博,没有"粉丝",没有被人关注,也基本上没有被转发数和被评论数。所以,这些"言语"恐怕只能算是自己在向一个树洞进行告白或倾诉。而当笔者后来有了几千名粉丝的时候,在微博上说的话,就成为一种"对话",这些人也会以转发、评论的方式表达他们的态度。

"言语",或"对话",在传统的概念中,往往是指在某个时空中的"对空言说",它借助的媒介是人的口腔和空气中的声波,要求的条件是对话者的"身体在场",因而传播的范围

---

① 斯丹迪奇. 从莎草纸到互联网:社交媒体2000年[M]. 北京:中信出版社,2015:13,22.

有限，比如某个会场。即使后来用上了大喇叭或扩音器，延展了其传播的空间范围，但其一次性展现的线性特征或即兴特征，还是让"说话"或"对话"成为一种特指的传播类型，以区别于文字书写、大众媒介或档案记录。但是，当一个人说的话，可以不再借助身体在场，能够跨越时空进行交流、扩散并保存的时候，一个新时代就来临了。微博就是这个新时代的揭幕者，它一举爆发出巨大的能量，成为引领10年媒介格局变迁和传播范式变迁的新媒体翘楚。

彼得斯在《对空言说：传播的观念史》中，将人类有史以来的沟通方式分成两种类型，即对话和撒播。他认为，对话和撒播都是在欧洲思想中形成并发挥着历史影响的两种交流的基本观念。长期以来，人们在两种交流方式中厚此薄彼，不能正确认识两者各自的价值。一些人指责大众媒介的出现"让真正的交流被非人化——因为各种媒介的出现，导致交流成为现代文化的附属品——首先是因为报纸，接着是因为广播和电视"[①]。对于这样类似的观点，彼得斯表示不能认同，他认为，"抱怨媒介扭曲了对话，是错置了我们的伤感（pathos）"[②]。因为在"技术的属性"和"对技术的应用"之间是不应该画等号的。广播之所以是单向撒播的，并不是无线电技术的固有属性，而是一个原因复杂的社会后果，比如广播公司发现将受众变成旁观者而不是参与者能为其带来更多的利润。另外，对话和撒播与霸道和公平也不能画等号，因为对话也可能是霸道的，而单向撒播却可能是公平的。

彼得斯所说的"对话"，主要指面对面的交流谈话，即

---

① 彼得斯. 对空言说：传播的观念史［M］.邓建国，译. 上海：上海译文出版社，2017：48.
② 彼得斯. 对空言说：传播的观念史［M］.邓建国，译. 上海：上海译文出版社，2017：48.

"当面在场的互惠性言语行为",它强调交流者的"身体在场"。但他认为,即使身体在场的交流,也同样存在着交流的"沟壑"。"正如遥远的交流一样,面对面的交谈也充满了沟壑……肉体的在场,未必能够保证'交流'的发生……在某些情况下,对话也许仅仅是两个人轮流向对方广播而已。"① 他借用英国文化理论家威廉斯的话来说,"人们的交谈,也许仅仅是在他人的面前跟自己自言自语……没有一个人能够说完他开始说的话;相反,人们互相插话,心思游移,心不在焉,语词因此而遭到夭折的命运"②。彼得斯承认"对话当然是一个宝贵的工具,但是它不能被拔高到唯一的至高无上的地位"③。

虽然面对面对话也不一定就能达成交流,但在大众媒介出现后的很多年里,对话被人忽视或遮蔽,确实是一个显而易见的事实。随着大众媒介的不断发展壮大,撒播的地位和影响力也超越面对面对话的地位和影响力。无论是报社、电台、电视台还是门户网站,都致力于一种一对多的撒播状态。尽管广播媒体的属性可以展开对话,但是媒体在致力于撒播方面比在对话方面用了更多的心思。当文字取代对话而成为人类主要的媒介时,撒播的传播方式逐渐成为最主要的人类交流方式之一。20世纪二三十年代广播和电视的兴起使撒播的边界达到了极致。这种大众传播模式也影响到了传播学的研究视野。例如,传播学出现的所谓"魔弹论"效果理论,就是依据早期广播媒介那种巨大的传播魔力而进行的总结。有学者认为,"从某种意义上讲,当代传播学视野中的交流基本上就是撒播。然而,

---

① 彼得斯. 对空言说:传播的观念史 [M]. 邓建国,译. 上海:上海译文出版社,2017:378-379.
② 彼得斯. 对空言说:传播的观念史 [M]. 邓建国,译. 上海:上海译文出版社,2017:378.
③ 彼得斯. 对空言说:传播的观念史 [M]. 邓建国,译. 上海:上海译文出版社,2017:50.

一个新的传播时代来临了。对话注定要在这个时代找回自己应有的地位"①。

微博上所展开的对话,虽然并非彼得斯所讲的"对话"的概念,即肉身在场的面对面对话,但它可以称得上是一种"媒介化的对话",或者说,它让"对话"脱离肉身在场,借助媒介而展开。这种借助媒介展开的"对话",由于数字技术的出现,实现了各种符号的融合性使用,诸如文字、图片、声音或图像等,这些都可以在微博上一起使用。而且,这些媒介都具有彼得斯所说的"传输性"和"记录性"。彼得斯认为,电子媒介的出现,让这些媒介同时产生了传输性和记录性,从而实现了时空距离的整体压缩。这是从19世纪就开始的一场历史性革命。传输性媒介可以使信息能够横穿空间,实现空间距离的压缩;而记录性媒介则可以使信息能够在时间中纵横穿梭,实现时间距离的压缩,甚至让死者"复活再生"。英尼斯对此也表达过同样的观点,他认为在人类历史上,出现过"偏向空间的媒介"和"偏向时间的媒介",不同的偏向会导致不同的文明。而远距离传输的前提必须是先记录下来。"传输和记录是一组相辅相成的概念。如果要远程传输一个信号,就必须先记录,以防止它在路途上衰减消失。一旦记录在案,任何东西都可以传输给陌生人的眼睛和耳朵。"②

这种借助传输和记录的"媒介化的对话",至少具有以下几个方面的开创意义。

首先,微博上的对话,实现了对话与撒播的统一。面对面的肉身在场的对话,如果没有被记录,也就不能被撒播,它是

---

① 胡翼青.传播学:学科危机与范式革命[M].北京:首都师范大学出版社,2004:48.
② 彼得斯.对空言说:传播的观念史[M].邓建国,译.上海:上海译文出版社,2017:209.

一次性的，只在限定的时间和空间里展开。而微博上的对话，与之有着根本的不同，这种对话本身就是处于一种被记录的状态，而这种对话当然也意味着向其他人传播。在微博上进行的与任何人的"对话"，都可以是公开的，会被无数人看到，从而在对话的同时伴随着一种一对多的撒播效果。微博的这种对话与撒播的统一，是对 Web2.0 时代出现的各种应用的一种改进。在微博出现之前，论坛、帖子、即时聊天、社会性网络服务（Social Networking Services，SNS）网站的各种应用，已经让网络空间的对话成为一种常态。而微博的出现，则在此基础上，实现了对话与撒播的统一。这种统一意味着，其信息的传播角色和接受角色可以瞬间互换，其一对多的状态和一对一的状态可以共时存在。在彼得斯看来，这种对话与撒播的统一状态，正是人类关于交流的理想境界："没有对话的撒播可能成为胡乱抛撒，没有撒播的对话则可能是无休止的霸道。传播理论的座右铭应该是：和自我对话，与他者撒播。"①

其次，微博上的对话，赋予了微博用户"说自己"的权利。对话者可以"以自己为话题"发起对话，直接说与其他人听，无须借助媒体机构的采访所进行的转述。在报纸、广播、电视等大众媒介上，也曾有各种互动参与的设置，但是那些参与者，只是作为一个"处于台下的个体"，甚至是处于一种"无名的"状态。在权力关系上，它与媒体机构并不是对等的关系，它的言论需要被媒体机构"把关"，要符合媒体机构的话语框架，才有可能被传播。从这个意义上讲，微博让"对话"的社会公众摆脱了对媒体机构的"中介依赖"。

再次，微博上的对话，还开辟了一种微博用户之间的"横

---

① 彼得斯. 对空言说：传播的观念史 [M]. 邓建国，译. 上海：上海译文出版社，2017：83.

向"对话。它不同于大众媒介所设定的与受众之间的"纵向"对话。市场化的、具有受众意识的媒体机构,也曾致力于创造与受众之间的交流机会,诸如阅读读者来信、接听热线电话、倾听百姓的故事等。但从本质上讲,那些都是媒体机构以自我为主体建构的与受众的纵向交流,媒体机构并不关心受众之间的横向交流,因为受众之间的横向交流并不能给大众媒介带来什么好处,或者至少媒体机构看不到这种横向交流怎么才能给自己带来好处。此外,微博用户之间的对话,与在门户网站新闻下面的评论也不是一个概念。那些评论还是一种受众与媒体之间的纵向交流,而且这种交流的指向还是媒体提供的新闻内容,并不是"以自己为话题"或"自己发起话题"。

最后,微博上的对话,让每个微博用户成为平台上的一个账号,账号之间的地位从理论上讲都是平等的,因为大家都是互联网结构上的一个"节点"。虽然知名的微博用户会拥有很多的粉丝和关注度,但是任何一个"无名的"微博用户账号在微博上都可以跟他直接"对话",不管这个名人微博用户是否回应,他只要打开微博就一定能够看到。名人如此,名机构也是如此。这样的对话机制设置,让两个微博用户不管是否认识,是否熟悉,都可以直接向对方发起喊话,展开对话。这种话语权使用上的平等状态,让普通民众实现了与名人、名机构的直接对话,跨越了社会原有的阶层鸿沟。同时,这种对话机制,也是名人能够在微博上制造新闻、博取媒体眼球,并与粉丝建立新型关系的重要基础。

仔细审视在微博之后出现的各种新型媒介或应用,无一不具有微博的上述几个特征,即对话与撒播的统一、说自己的权利、对话的横向性,以及穿越社会阶层的平等性。微信是这样的,视频直播是这样的,短视频是这样的,各种类型的网站或手机应用也是这样的。人们把这样的媒介特征概括为"社交媒介"或"社会化媒介"。就中国来说，21世纪第二个10年，这个"社交媒介时代"就是由微博开创的。

言语的街舞

微博上的"对话"，终究不是面对面在场的对话，而是以文字、图片、声音、图像等符号为载体的"对话"。这种"对话"，依赖于各类符号文本，并让文本与对话者的肉身相分离。这些文本是对话者的替身，或是对话者支配的"言语符号""意识替身"。在微博空间中，它们脱离使用者的肉身平行而立，但同时又与使用者随时随地相关联、相伴随，成为微博用户的一种"具身性"存在。后来，随着智能手机的普及和应用，微博开通了手机版应用，这让微博的使用更加随时随地。微博随着不同的人出现在大街小巷、游离在网上网下，言语从此"飞舞"起来，弥漫在现实和网络两个密切关联的空间里。

微博言语在微博空间四处游走，自然会碰上想跟这些言语对话的他人言语。这种情景颇似一位喜欢跳舞的少年，走到某个街头，遇到一位同样喜欢跳舞的人，一起切磋技艺，互相欣赏，或者进行斗舞，一决高下。因此，笔者把微博上的这些"飞舞"的言语，称为"言语的街舞"。

"街舞"（street dance）一词是个舶来品，它最早源于西方国家，与西方的街头文化或音乐风格相伴而生。街舞是基于不同的街头文化或音乐风格而产生的多个不同种类的舞蹈的统称。[1] 街舞强调随意性、即兴性，要求动作松弛、灵活机动、自由随性，虽然街舞的种类繁多，但是都有一个共同的特点，那就是要在街道、公园、广场等都市或城镇的公共空间中进行

---

[1] 邓薇. 音乐素养[M]. 重庆：重庆大学出版社，2016：89.

表演。

　　街舞总会携带某些风格，街舞者的身体、姿态、动作及穿着打扮，作为一种符号，携带着大量的意义，其中包括时尚、怪异、另类的风格。这些风格因为迥异于主流社会庆典场景或电视联欢节目中的舞蹈，呈现出一种类似地下的状态，所以也就具有了某种"亚文化"的意味或成分。

　　来到街上跳舞，一方面，出自不甘于在家独自跳舞的寂寞和无人喝彩；另一方面，也出自想要寻找同道中人的交友需求。正如孔子所说的，"诗可以兴，可以观，可以群，可以怨"。其实，舞蹈也具有同样的美学和社会功能。在街舞活动中，舞者会经常相约在一起学舞、习舞、练舞、编舞，从而组成团队，形成独特的风格和类型，他们会彼此切磋技艺，练习高难度动作，从而互相心生敬佩或反过来自我砥砺，让舞蹈技艺和水平在切磋中不断提升。当然，为了提升舞蹈技艺和水平，他们也需要不断与其他团体进行切磋、斗舞，一决高下，甚至排出"江湖座次"，这样就需要协商出许多斗舞中的规则和评判标准。虽然有时候在竞技中产生竞争心理，甚至是恶语相向、群体缠斗，但总的来说，因为街舞的本质是自我身体的向内控制与舞蹈的动作设计，而非肢体向外地攻击他人，所以，街舞还没有超出舞蹈艺术或体育竞技的范畴。

　　言语，作为一种符号，同样携带"意义"。各种言语来到微博平台搭建的"大街"上，同样也会出现新的意义与表达形式。当人们学会了在微博上如何言说，就一定会言说自己、评论他人、议论时事、吸引同好，建构属于自己的"意义"，甚至以此作为谋利的手段。因此，在微博刚诞生不久的几个月里，它很快成为一个大型"言语的街舞广场"。在这个广场上充满了喧哗和躁动，人们操练着各种"言语的舞姿"，争奇斗艳，肆意狂欢：微博段子大行其道，粗俗鄙陋的语言随处可见，游戏娱乐成为主流，平等随意地交往司空见惯，毫无顾忌地嬉笑怒骂变为常态。一切现实的距离、秩序、规范、禁忌等似乎不复存在，有的是平等相处、个性自由的对话。当然，各种意见的聚集也让微博成为"言语的江湖"，各类门派在此切磋、比拼，甚至选边站队，势不两立。

因此，言语的街舞，体现的正是巴赫金所说的"杂语现象"，即社会语言的多样化、多元化现象。"语言杂多存在于社会交流、价值交换和传播的过程中，凝聚于个别言谈的生动活泼、千姿百态的音调、语气之内。"① 同时，杂语现象还建构着新型的对话，孕育着新的存在方式，充满了杂语和喧哗，上演着诙谐和狂欢，它在原有官方媒体世界的彼岸，建立了一种巴赫金所说的"第二个世界"或"第二种生活"。

21世纪第二个10年的开端，社会生活充满了许多的不确定性，各色人等通过微博表达自己对于未来的期望，从而形成了纷繁的杂语现象和狂欢现象。它体现了社会转型期间的当代中国人对于生活和社会的双重认识角度。这是一种新型的文化生存空间，是网民日常生活方式的另类话语实践，它催生出一种新型的网络狂欢亚文化形态，它同巴赫金所阐释的"第二种生活"的狂欢图景有着高度的相似性。本书将在巴赫金的对话主义、杂语理论、狂欢理论和青年亚文化理论的视角下，细致地描绘出微博空间里的亚文化和狂欢性的特征与表现；同时，把它视作一种具有文化内涵的"文本"，努力挖掘出其背后的狂欢意义和文化意义。

---

① 刘康. 对话的喧声：巴赫金的文化转型理论[M]. 北京：北京大学出版社，2011：4.

人们为什么会成为"微博控"?"微博控"与网络成瘾有什么不同?"微博控"如何看待自己的行为和状态?"微博控"与人们的存在感之间是什么关系?"微博控"的传播机制与媒介机理又是什么?

"微博控"的世界

自从 2010 年年初学会了使用微博,大约有 2 年多的时间,笔者几乎每天都会登录微博,浏览页面上的信息,转发自己认同的言语,写上几句评论,跟着别人捧腹大笑,或评论某些事件的当事者……那段时间,笔者几乎每天待在微博上一样,除了吃饭、睡觉和工作时间之外,大部分的业余时间都在微博上消耗掉了。

对于这种状态,笔者自己也曾每天反思,甚至在睡觉之前,有点懊悔一天就这样被荒废了。聊以慰藉的是,笔者告诉自己这是"研究性使用",不算浪费时间。后来,笔者发现许多人跟笔者一样,而且微博上还出现了一个新的名词——"微博控",用以概括这种对微博极度喜爱的人或状态。

"控"(complex),即情结,指极度喜欢以至于被控制住的意思。由于"迷恋"微博,网络上出现一大批自称"微博控"的网友,其中有不少是新浪微博用户(图 2-1)。他们每日每夜地刷微博,一刷就是 10 多个小时,甚至放弃睡眠时间。如果用他们自己的话来说就是,"早上醒来第一件事就是刷微博"。有些网友说自己每天打开电脑第一件事就是登录微博,还经常毫无原因地反复打开微博,反复地刷新微博页面,上班上微博,下班上微博,吃饭玩微博,上厕所玩微博,一天到晚保持高度兴奋的状态,连休息时间也被微博占用。

从医学的角度来看,处于这种状态中的人,被认为是患上了一种病,叫"网络成瘾综合征"(以下简称"网瘾")。21 世纪的第一个 10 年,那些患上网瘾的孩子们大多是沉迷于计算机游戏、网络游戏之中,极大地影响了其正常的学习、生活和健康。手足无措的父母们为此到处求医问药,甚至将孩子们送进特殊学校或精神病院。当时,中央电视台的《新闻调查》栏目曾经做了两期揭示网瘾问题的节目——《网瘾少年》和

《网瘾之戒》，在社会上引发了广泛的关注和较大的反响。

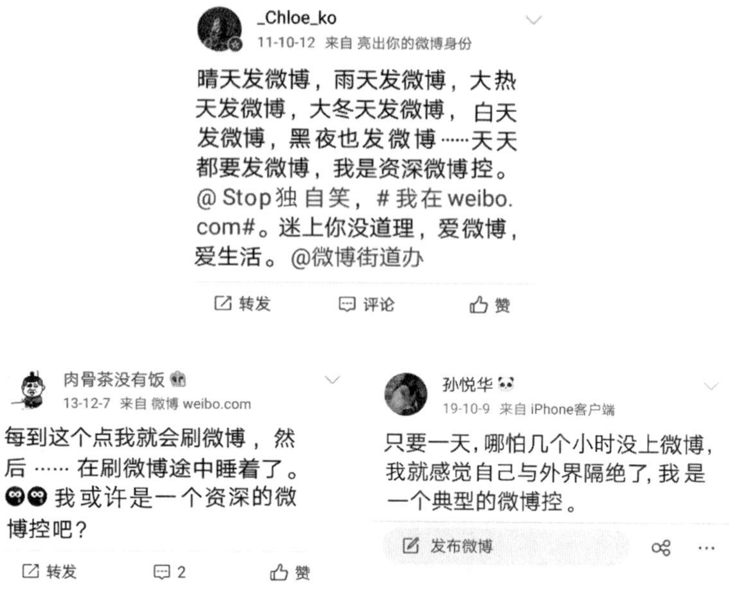

图 2-1　新浪微博用户自称"微博控"截图

（资料来源为 https://weibo.com/123990923?is_all = 1 & stat_date = 201110 & page = 4 ♯ feedtop）

那么，"微博控"的特征属于网络成瘾吗？它与计算机游戏成瘾、网络游戏成瘾又有哪些异同呢？

有研究认为，"微博控"的特征当然属于网络成瘾。从外在表现来看，它与计算机游戏成瘾、网络游戏成瘾的症状没有什么两样，其成瘾的机制也没有什么不同，两者都有着各种各样的虚拟激励机制，诸如过关、升级、获得奖励、受到尊崇、被人认同等，微博页面上的粉丝数、转发数、评论数、点赞数等，就是这种虚拟激励机制的外在表征；从内在本质来看，它跟计算机游戏成瘾、网络游戏成瘾一样，无非是能让"玩家"在虚拟世界里找到自己的存在感、成就感和荣誉感。

但是，"微博控"的特征与计算机游戏成瘾、网络游戏成瘾也有着很多的不同。其中最大的不同就是，微博涉及语言或言语，而计算机游戏、网络游戏则更多涉及动作。由于涉及语言或言语，微博就成为一个"言说的媒介"，而不像计算机游戏、网络游戏那样是个"动作的媒介"。

在微博的搜索栏里输入"我是微博控"或者"我是资深微博控"，可以发现很多微博用户的微博里都有这样的自我表述。2011年，新浪微博发起了许多游戏活动，诸如"申请微博达人""测测你的微博血型""♯我在 weibo.com♯"等活动，很多人在新浪微博上参加这样的活动，不仅说自己是"微博控"，还要求申请"微博达人"的徽章。

从上述情况可以看出，当人们说自己是"微博控"时，其内疚的成分较少，而自豪的成分较多。这意味着，在微博早期，当人们自称"微博控"时，是把自己与一种新媒介时尚联系在一起的，同时也是把微博与自我存在感和自我建构联系在一起的。

我微博故我在

人类的语言活动和外部世界的关系问题，即主体与客体的关系问题，一直贯穿于西方哲学的发展过程中。从本体认识论到主体认识论，这是一个重要的转折。笛卡儿提出的"我思故我在"，第一次把认识活动中的主体由神转向人。人成了不仅能够自主决定自身还能够决定他物的基点和核心。但是笛卡儿的观点是矛盾的，因为"我思故我在"具有二元性："我"既拥有一种超越有限的纯思（精神），同时又需要一个有限的、存在着的个体（物质）。一个有限的、不完满的主体怎么能去"思"一个无限的、完满的客体呢？此外，更重要的是，人是如何展开自己的"思"这个活动的呢？也就是说，人们"思"

的能力需要借助的媒介又是什么呢？笛卡儿似乎没有回答这些问题。因此，自笛卡儿提出这个观点以来，哲学家们一直试图回答主体是怎样认识客体这一问题的，却对人与人之间的交往与沟通方式一直视而不见。随着20世纪语言研究的深入发展，语言在人类活动中的作用越来越凸显。人们发现人类的思考要想得以进行，必须借助语言这个工具。"语言给人类提供了认识世界的表征资源。言语的表征建构了人的主体性。表征使交际成为可能与现实，而交际又催生主体间性。这一切皆因为人类有语言。"①

"微博控"上微博干什么呢？他们使用语言进行交流，通过语言言说自己，也通过语言评价他人的言说。他们在这个过程中，获得的是一种主体性存在的感觉，套用笛卡儿的话来说，就是"我微博故我在"。

语言哲学认为，人们在使用语言时，言语者必须使用"我"这个概念才能表达自己，而"我"就是主体性的根源。语言的产生不可避免地催生了其使用者的"自我概念"。"言语者用人称代词'我'建立起一个观察和认识主体，从而建构自我意识和自我概念。"②没有语言，自我概念就不复存在。法国语言学家本维尼斯特认为，"人在语言中并通过语言把自己构造成一个主体，因为只有语言才能建立现实的'自我'概念"③。主体性就是言语者把自己建构为主体的能力。这种建构主体的能力，来自存在者与语言之间的关联。德国哲学家海德格尔曾说过一句著名的话，"语言是存在的家园，人类栖居

---

① 成晓光.语言哲学视域中主体性和主体间性的建构[J].外语学刊，2009(1)：11.
② 成晓光.语言哲学视域中主体性和主体间性的建构[J].外语学刊，2009(1)：10.
③ 成晓光.语言哲学视域中主体性和主体间性的建构[J].外语学刊，2009(1)：10.

于这个家园中,并得以绽出一生存(ek-sists)"①。英国哲学家维特根斯坦也认为,"'我的语言的界限就是我的世界的界限。'换句话说,那些我能够使用的词语,塑造、生成并限定了我所认识并活动于其中的这个世界"②。类似的观点还有"一个人所说的语言决定了他的社会现实""语言及其他象征形式建构了人类生存并活动于其中的现实"③。这意味着,"言语不仅仅用来表述和交际。为了表述和交际,言语者总是先构建自己为言语主体。言语就是人的主体性载体。语言提供主体的表达形式,而语言形式的使用,即具体的言语行为,则产生人的主体性"④。

语言哲学的这些思想得到了文化研究学者的呼应。文化研究学者认为,说话者能够谈论自己是一种主体性的体现。主体性"是一种存在(existing)的感觉,这种感觉既来自自身的核心体验(experience),又独立于体验而存在。主体性使得人们可以'以自己为话题'与自己对话,并促使人们使用创造性的语言表情达意"⑤。在这个意义上,能够言说自己的体验或心里话,是一种主体性的体现。

微博上的言语,是一种不同于大众媒介的言语,以言说自己的事情为主要内容(虽然也有人会在微博上言说公共事务,但这些言说总是与自我密切关联,那些政务和媒体的微博账号

---

① 贡克尔,泰勒.海德格尔论媒介[M].吴江,译.北京:中国传媒大学出版社,2019:32.
② 贡克尔,泰勒.海德格尔论媒介[M].吴江,译.北京:中国传媒大学出版社,2019:36.
③ 贡克尔,泰勒.海德格尔论媒介[M].吴江,译.北京:中国传媒大学出版社,2019:36.
④ 成晓光.语言哲学视域中主体性和主体间性的建构[J].外语学刊,2009(1):10.
⑤ 格罗斯伯格,渥泰拉,惠特尼,等.媒介建构:流行文化中的大众媒介[M].祁林,译.南京:南京大学出版社,2014:258.

除外)。这些言说的内容,类似于海德格尔所说的"闲言(Gerede)",这个词源自"言谈、话语(Rede)"。海德格尔认为,闲言是人类最初融入并体验语言的方式。"闲言并不意味着人们要理解正在谈论的内容,而仅仅意味着要去听谈话本身提到了什么。"①从这个意义上说,脸书(Facebook)、推特(Twitter)、微博,以及后来出现的微信、抖音等,都是海德格尔所说的"闲言",这些属于与大众媒介的"宽带广播(broadcasting)"模式相对应的一种"窄带广播(narrowcasting)"模式。②海德格尔认为,闲言"这种事情任何人都能完成;它不仅使人免于真切体会之劳,而且还产生了一种无差异的可理解性,在这种可理解性面前,任何东西都不再封闭自身"③。

因为人们可以听到(看到)无数的"闲言",而这些闲言又是以个人方式传播的,这让微博空间成为一个与大众媒介完全不同的"好玩的去处"。其吸引力不亚于古典社会中的集市、庙会,或者十字路口的茶馆,或者西方 17 世纪兴起的咖啡馆。那里充斥着各种丰富的信息,流言蜚语,真真假假,谈者和听者都乐此不疲。斯丹迪奇认为,这些空间是一个个"人人平等的新的知识空间"和"信息交流的中心"。在那里,"不同社会地位的人混在一起,使思想得以跨越英国阶级制度的界限",去那里的人,就像"端着杯子交朋友","永远不知道下次去时会听到什么消息,或遇到什么人——常客经常在里面花上好几个小时阅读讨论,丝毫不觉时光的流逝"。那种"大事小情任

---

① 贡克尔,泰勒. 海德格尔论媒介 [M]. 吴江,译. 北京:中国传媒大学出版社,2019:46.
② 贡克尔,泰勒. 海德格尔论媒介 [M]. 吴江,译. 北京:中国传媒大学出版社,2019:46.
③ 贡克尔,泰勒. 海德格尔论媒介 [M]. 吴江,译. 北京:中国传媒大学出版社,2019:48.

意讨论、四海一家的随意气氛"孕育了知识创新和合作创新的精神,这种"讨论和创新精神不仅限于科学问题,而且延伸到商业和金融领域"。①

应该说,"微博控"在微博里徜徉流连,像极了斯丹迪奇所说的在咖啡馆里"端着杯子交朋友"的感觉。人们在微博上浏览信息,看到好玩的信息点评一下,转发一下,或者认同,或者反对,既是在进行自我建构,也是在结交志趣相投的朋友。如果人们每天都能看到某个人,虽然跟这个人素未谋面,也不知道这个人的姓名和性别,但双方在微博上天天"见面",久而久之,也就像朋友一样熟识了。

在微博上转发别人的东西,是一种自我定位的方式。一个人选择转发什么,就说明他是一个什么样的人,人们喜欢通过分享别人的东西来表明自己的兴趣,确立自己的特性。正如斯丹迪奇所说,分享某些东西这种行为本身就是自我表现的一种形式。②

人们通过转发别人的东西来定位自己,或者进行自我表现,这样的认识在许多人那里都得到了支持和呼应。

认识到他者的存在,从而确立自我意识,是法国心理学家拉康的镜像理论的主要观点。拉康认为,自我意识的确立来自孩童对镜子中"他者"存在的认知,而一个人的成长也是在不断认知自我与周围世界的关系中逐步确立主体性的过程。我们的主体性依赖于我们与有别于他者的各种无意识关系。"我们的主体性,是通过这一被搅乱的、向来不完整的无意识与(这

> 人们通过转发别人的东西来定位自己,或者进行自我表现。

---

① 斯丹迪奇. 从莎草纸到互联网:社交媒体2000年 [M]. 林华,译. 北京:中信出版社,2015:157-172.
② 斯丹迪奇. 从莎草纸到互联网:社交媒体2000年 [M]. 林华,译. 北京:中信出版社,2015:157-172.

——内在化了的)'他者'的对话,才得以形成的。"①

巴赫金的对话理论,更是将这个问题论述得更为充分。巴赫金将"存在"设置为两人,即"我"与他人。"人只存在于我和他人的形式中","我存在他人的形式中,或他人存在我的形式中"。② 因此,"人的存在本身(外部的和内部的存在)就是最深刻的交际。存在就意味着交际……存在意味着为他人而存在,再通过他人为自己而存在……我离不开他人,离开他人我不能成其为我;我应先在自己身上找到他人,再在他人身上发现自己(即在相互的反映中,在相互的接受中)"③。在这个基础上,巴赫金认为,"存在就意味着进行对话的交往"。"一切都是手段,对话才是目的。单一的声音,什么也结束不了,什么也解决不了。两个声音才是生命的最低条件,生存的最低条件。"④

霍尔在评述巴赫金的理论时认为,人们因为不同,所以才需要通过他人来关照自己,认识自己。意义是关系的产物,意义依赖于对立者的"差异",标记出"差异",是建构"他者"的重要手段。"我们之所以需要'差异'是因为我们只能通过同'他者'的对话才能建立意义。"⑤换句话说,"我们所说和所意味的任何事,都因为与别人的相互作用和影响而改变。意义是在对话中通过参与者之间的'差异'而显示出来的。简言

---

① 霍尔.表征:文化表征与意指实践 [M].徐亮,陆兴华,译.北京:商务印书馆,2013:353.
② 巴赫金.巴赫金全集:第五卷 诗学与访谈 [M].白春仁,顾亚铃,译.石家庄:河北教育出版社,1998:388.
③ 巴赫金.巴赫金全集:第五卷 诗学与访谈 [M].白春仁,顾亚铃,译.石家庄:河北教育出版社,1998:378-379.
④ 巴赫金.巴赫金全集:第五卷 诗学与访谈 [M].白春仁,顾亚铃,译.石家庄:河北教育出版社,1998:340.
⑤ 霍尔.表征:文化表征与意指实践 [M].徐亮,陆兴华,译.北京:商务印书馆,2013:348.

之,'他者'是意义的根本"①。在微博上,"微博控"每天可以在微博上遇到许许多多的"他者",他们作为与自己不一样的存在,成为微博使用者反观自己和认识世界的重要对象。

当然,"微博控"也会不断地去转发、留言和评论,这些表达方式在法国哲学家福柯看来,是一种"自我构成的技术"。它能够"使个人得以通过自己的手段或通过他人的帮助,来影响加之于他们自己的身体和灵魂、思想、行为和存在方式的一系列作用,以便为了达到某种状态的幸福、纯洁、智慧、完美或不朽而转变自己"②。换句话说,各种技术或自我的技术是特定的技术或实践,通过它们,个人才具有了各种主体位置。在福柯看来,类似于私人日记或其他各种"自我叙述"的写作形式,典型地代表了"自我实践"的现代形式。同样,像微博、微信、视频直播、短视频等社交媒体形式,更是通过与他人互动,讲述自己的故事,把自己的日常生活和表现转换为一种景观,并试着与这个世界对话。在这个过程中,社交媒体用户完成了自己的社会化。借用法国社会学家杜尔凯姆的观点,微博用户和后来各种社交媒体用户在听自己的"粉丝"或"路人"说话时就仿佛在聆听社会的声音,他认为这些说话的人代表了社会,从而使"社会对个人的感情提升了个人对自己的感情"③,他从这些感情中体会到社会对自己的感情。从这个意义上说,微博或者互联网的各种新应用,都是"其建构自我认同与实现社会化的重要资源。这意味着,互联网的使用是个人的,

> 通过与他人互动,讲述自己的故事,把自己的日常生活和表现转换为一种景观,并试着与这个世界对话。

---

① 霍尔.表征:文化表征与意指实践[M].徐亮,陆兴华,译.北京:商务印书馆,2013:349.
② 霍尔.表征:文化表征与意指实践[M].徐亮,陆兴华,译.北京:商务印书馆,2013:479-480.
③ 库尔德利.媒介、社会与世界:社会理论与数字媒介实践[M].何道宽,译.上海:复旦大学出版社,2014:93.

更是社会的"①。

全天候"情人"

微博可以在一天的任何时候登录。用户可以随时登录,微博会呈现随时更新的内容页面。这一点也是微博跟传统媒体不一样的地方。传统媒体的内容更新,一般有固定的时间和固定的容量,它以此与受众形成某种"约会"关系。例如,在电视机前,人们只有在晚上7点才能与《新闻联播》相遇,而且"约会"时间也受到栏目设定时间的制约,每天只有半小时(特殊时期会有打破固定时长的例外)。报纸也是如此,一张报纸的内容,一旦被看完了,就不再有什么可看的了,读者与报纸的"约会"也就告一段落,只能期待下一次的"约会"了。

但是,微博不是这样的,后来出现的微信、视频直播、短视频等社交媒介也不是这样的。它们都是全天候地在不断更新,因为它们不是某个机构在生产内容,而是所有使用者在生产内容。所以,"微博控"一旦登录就可以遇到自己熟悉或喜欢的人,可以与之聊天,也可以参与讨论各种公共事务。这些聊天和讨论,就是微博上源源不断的内容。虽然很随意、很碎片化,甚至"没有什么营养",但那就是生活或生命本来的样子。在微博上,"微博控"遇到的不只是某些信息,而是一个网上的自我,这个自我又把自己投射到微博中的其他人身上,他们在这里融入的是自己生命体验的过程。当然,没有人能24小时耗在微博上,然而一旦他们在微博上登录,就进入了一个"阈限"的时空。在这个"阈限"的时空里,他们能够摆

---

① 吴世文,杨国斌."我是网民":网络自传、生命故事与互联网历史[J]. 国际新闻界,2019(9):55.

脱现实时空里的一些束缚，肆意地享受自由的快乐和自我表达的快感。从这个意义上讲，微博空间，就像一个"全天候的情人"，让"微博控"流连忘返，欲罢不能。正如彼得斯所说，"媒介——作为中介物——本身就是一种极佳的跨界的'阈限物'（liminal object），它们不仅处理信息，而且涉及生死和爱欲"①。因此，流连在微博空间里的"微博控"，恰似在与情人相处，那是一种生命体验的过程。

吴世文、杨国斌在讨论消逝的网站时也指出，"网站绝不仅仅是电脑屏幕上的一个界面。网站即是生活。所以网友常常在怀念网站时也念及网站中的朋友，突出了网络的社会属性"②。因此，那些早期混迹在网站上的人们获得的体验，与后来的"微博控"混迹在微博上获得的体验基本没有什么区别。"'混'字很有意味，表示共同经历了患难与共或热火朝天的生活，常用的搭配有'混社会''混江湖'等。网友回忆跟朋友一起'混'网站，突出了网友之间的情谊以及在网站上的一种随性、率意的生活方式。"③

网站不仅是生活，而且是生命存在的重要体验。学者丁海晏从哲学的角度指出，"传播活动从本意上讲是一种生命活动——一种形成生命、联系生命、延展生命的活动。其核心是塑造和形成生命的精神"④。按照这样的观点来审视微博，就会发现微博对其用户的强大吸引力，来自它对用户生命体验的全新塑造，这种塑造概括为一句话，即过程化传播对用户的深

---

① 彼得斯.对空言说：传播的观念史［M］.邓建国，译.上海：上海译文出版社，2017：215.
② 吴世文，杨国斌.追忆消逝的网站：互联网记忆、媒介传记与网站历史［J］.国际新闻界，2018（4）：19.
③ 吴世文，杨国斌.追忆消逝的网站：互联网记忆、媒介传记与网站历史［J］.国际新闻界，2018（4）：20.
④ 丁海晏.电视传播的哲学［M］.北京：北京广播学院出版社，2001：111.

度卷入。

所谓"过程化传播"(或称"传播过程化"),是指传播不再仅仅依靠内容取胜,传播的行为过程也成为其意义产生的重要成分。被卷入其中的信息接触者,不再仅仅为了内容而去浏览,也在接触行为的过程中感受到某种生命活动的精神律动。

传统媒体的传播模式,让从业者坚信"内容为王"的理念。这本来没什么错,但是如果因此而忽略或轻视"过程化传播"的意义的话,则会在新媒体时代无所适从。因为"内容为王"的理念无法解释这样一种现象,即随时随地地被一种媒介吸引,但不是为了去获取什么"内容",而只是愿意处于对该媒介的接触过程中。"微博控"就是这种现象的典型代表之一。换句话说,为什么微博会有如此大的魅力?或许会有各种各样的原因,但是根本原因在于其过程化传播模式具有较强的互动性,使信息传受双方处于双向互动的循环交流中。当然,这也是后来的微信、视频直播、短视频等具有同样大的魅力的重要原因。

微博的过程化传播模式,是指微博用户一旦登录微博,他就被置于一种传播过程中。这个过程,是一种"全程、多点直播"①的过程。换句话说,微博用户一旦登录微博,就是与其他微博用户一起参与一场跨越时空的直播活动。在这个过程中,微博用户能看到自己所选择和建构的关系用户此时正在说什么、做什么;也能感受到一种与他人共时存在的时空关系。这种关系的存在感,是报纸、非直播的广播和电视节目所无法给予的。这是一种对传播过程的体验,是以前从未有过的。

更为重要的是,在这个共时存在的传播关系中,微博用户

---

① 彭兰. 从"大众门户"到"个人门户":网络传播模式的关键变革[J]. 国际新闻界, 2012 (10): 9.

能够得到从传统媒体当中无法获得的需求满足感。美国心理学家马斯洛于1943年在《人类激励理论》中曾经提出了著名的马斯洛需求层次理论，又称"基本需求层次理论"。马斯洛把需求分成生理的需求、安全的需求、社会的需求、尊重的需求和自我实现的需求五个层次，依次由较低层次到较高层次排列。一般来说，某一层次的需求相对满足了，就会向高一层次发展，而追求更高一层次的需求就成为驱使其做出某种行为的动力。这五种需求可以分为两级，其中生理的需求、安全的需求和社会的需求都属于低层次的需求，这些需求通过外部条件就可以满足；而尊重的需求和自我实现的需求是高层次的需求，一个人对尊重的需求和自我实现的需求是无止境的。一个国家多数人的需求层次结构，是同这个国家的经济发展水平、科技发展水平、文化和人民受教育的程度直接相关的。在不发达国家，低层次的需求占主导的人数比例较大，而高层次的需求占主导的人数比例较小；在发达国家，则刚好相反。

随着我国国内生产总值的稳步提升，经济社会发展取得了举世瞩目的成就。然而，根据马斯洛需求层次理论，人们在获得了基本的生理的需求和安全的需求之后，还有更高层次的需求需要被满足。而尊重的需求和自我实现的需求，就是这种高层次的需求。

在信息传播领域，尊重的需求和自我实现的需求，表现为两个方面：一是认同的归属感，即获得别人的尊重和肯定，得到不断的承认和激励；二是改变社会的参与感和主人翁的成就感。微博的媒介特性和过程化传播，很好地提供了这样的媒介条件。

首先，认同的归属感。当微博用户的发言得到转发或评论时，他们获得的是一种被尊重或被重视的感觉。他们会意识到，自己的体验、见解或发现，正在被别人认同和肯定，而且这种认同和肯定立刻会被及时兑现,成为可见的数字记录。这些转发数、评论数和粉丝数,作为一种及时回报的激励,带给微博用户巨大的成就感。

当然,有些微博用户的言论或许会招来批评、质疑甚至谩骂,这些同样会带来成就感。那些数字会形成一种幻觉,即"我成名了""我的影响力还是很大的""看看我说的话换来了这么多关注"。在注意力经济的环境中,能吸引大量眼球,这也正在成为传播活动成功的标志。这种现象的一个副产品,就是让一些人挖空心思"博出位",甚至不惜挑战公众的审美观、道德观和价值观,诸如"凤姐现象""郭美美现象""干露露现象"等。这虽然会招致无数的讽刺、批评和谩骂,但能够获得广泛的关注,被她们认为是自己获得的酬劳。

其次,在场的参与感。当一个新闻事件发生时,微博用户可以随时通过转发评论及时发表自己的意见,当这些意见与其他大多数的意见融合,形成强大的舆论时,微博用户体验到的是一种参与事件进程、推动事态发展的存在感和成就感。

2010年被称为中国的"微博元年",一个重要的标志是,各种社会舆论的热点事件,诸如"11·15上海静安区高层住宅大火案""腾讯与360大战"等。这些大多是由微博首先曝出的,并迅速引发全社会的广泛关注。到了2011年,微博首次曝光热点事件比例更是显著上升。据社会科学文献出版社出版的2012年舆情蓝皮书《中国社会舆情与危机管理报告(2012)》的研究显示,2011年微博首次曝光热点事件的案例比例由2010年的9.3%增加到2011年的20.3%。[1] 当年影响巨大的各类事件均由微博曝出。

---

[1] 中国新闻网.舆情蓝皮书:微博首次曝光热点事件比例显著上升[EB/OL].(2012-08-18)[2020-10-15]. https://china.huanqiu.com/article/9CaKrnJwKDqhttps://china.huanqiu.com/article/9CaKrnJwKDq.

2012年,由微博引爆的新闻热点事件,更是引发了前所未有的参与热潮,诸如"方韩大战""吴英案"等,在这些事件中,微博用户会选择站在其中一方,而与对方展开争论或相互抨击。每一条微博后面,都会有成千上万条转发、评论,在这背后折射的是人们试图借助自己的平台发声,形成强大的舆论,进而推动事态向着自己希望的方向发展。而在环保类相关报道中,微博不仅扮演了一个信息传播者的角色,还扮演了一个意见收集者的角色。许多本地市民正是从微博上获知信息,还利用微博不断拍摄和记录现场情况,而那些身处外地的微博用户,则从微博上进行声援,通过转发表达支持。这样的过程,是一个体验存在感和成就感的过程,它带给微博用户的是一种"社会主人公"式的全新体验。而这种存在感和成就感,是传统媒体的单向传播模式所无法给予的。

根据加拿大著名媒介学者麦克卢汉的"媒介是人的延伸"理论,微博在满足了人类的这两种需要的同时,也就在生命信息的意义上,实现了人的延伸。它让生命的过程获得了全新的信息交流体验,让信息的传播过程,更加接近生命本真的意义。人类需要交流,而交流在美国实用主义哲学家杜威看来就是参与。杜威认为,个体将自己"放在一个与对方共享的处境上,这种能力是人类得天独厚的禀赋。交流是让双方去参与一个环境,在其间每个人的活动,都要受到伙伴关系的调节和修正"[1]。而交流的可能,需要在"公共的经验世界"里展开,这种"公共的经验世界",在杜威看来就是"文化"——"交流在公共的经验世界里进行,而这个经验世界是由各种共享的符号和习俗编织而成的,因此,不能将交流/传播简单化为人

---

[1] 彼得斯.对空言说:传播的观念史[M].邓建国,译.上海:上海译文出版社,2017:29.

对外部客体的指称,或对其内部心理状态的指称"①。换句话说,人们在公共的经验世界里展开的交流活动,是在进行意义的创造、交往、理解和解释,而这在文化学家看来,就是文化的核心。英国文化理论家霍尔认为,文化涉及的是"共享的意义",而"意义就是赋予我们对我们的自我认同,即对我们是谁以及我们'归属于'谁的一种认知的东西"②。从这个意义上来讲,我们才可以很好地理解马林诺夫斯基所说的"说话是一种人体的习惯,是精神文化的一部分"③的真正含义,也才可以很好地理解"微博控"从微博使用的行为中所体会到的文化参与、文化生产的意义和精神上的"获得感"。

肆意的文本

前文已述,微博上的对话,虽然是一种媒介化的对话,但是并不能等同于现实空间里肉身在场的面对面对话,其对话的展开,其实是借助了可以存储和远距离传输的文本,即文字、图片、声音、图像。因此,微博上的对话,本质上是一种"文本的操练"。而又由于许多微博用户并未使用真实姓名,其昵称五花八门,甚至还同时注册多个账户,因而让微博上的对话成为一种匿名状态的发言、一种隐身的发声。即使有些人进行了实名认证,但由于在此之前,许多人互相并不认识,因而这些实名认证的信息,充其量只是一个标榜身份的符号,并不能

---

① 彼得斯. 对空言说:传播的观念史 [M]. 邓建国,译. 上海:上海译文出版社,2017:29.
② 霍尔. 表征:文化表征与意指实践 [M]. 徐亮,陆兴华,译. 北京:商务印书馆,2013:5.
③ 马林诺夫斯基. 文化论 [M]. 费孝通,等译. 北京:中国民间文艺出版社,1987:6.

等同于现实生活中的熟人或认识的人。

微博上的交流总体上是处于一种匿名的状态，或隐身在场的状态。"微博控"在微博上浏览、阅读或发言、转发、评论的文本，总是在一种对于言论自由的想象中展开，而又由于其处于一种匿名状态，所以在这种情景中，自由与责任之间并不对等，他们在享受着自由发言的同时，也逐渐走向了肆意和狂欢。这种隐身在场的状态，与日常生活中面对面交流有着本质的不同。日常生活中面对面交流，因为有肉身在场，所以其发声的责任感是显而易见的，每一个发声者会字斟句酌，将自己的意思尽可能地表达清楚，同时会注意发言的礼仪，避免对他者的伤害。即使是批评，也会比较注意说话的方式、语气等。而在微博上，这种责任感弱化了，许多人因为匿名发言，所以变得肆无忌惮，甚至故意传播谣言，混淆视听。而这种不负责任的言语，由于是一种可以存储和散布的文本，所以其传播范围也远大于现实空间里面对面对话的范围。换句话说，微博上的文本，会成为脱离了生产者控制的文本。这意味着其所说的话会脱离原来的语境，也意味着一个开放的受众群体的出现。而脱离语境，往往会导致各种理解的歧义性，所谓断章取义、望文生义、穿凿附会等，这也为微博上的言论后来被罗织了各种罪名提供便利。

彼得斯认为，相比口语交流，文本具有不受生产者控制的特征。他说，"口语交流几乎总是以单一事件的方式发生，而且其内容只在关注此事的人中间分享。与此相反，文字则容许各种奇怪的配对：远者影响近者，死人对话活人，许多人阅读本来只给少数人看的东西等等"[①]。他认为，苏格拉底就曾一

---

① 彼得斯. 对空言说：传播的观念史 [M]. 邓建国, 译. 上海：上海译文出版社, 2017：54.

直"担心文字会使爱欲误入歧途,并会使思想摆脱人体,因此而造成各种幽灵般的爱欲联系和精神联系。他认为,新媒介不仅影响信息交换渠道,而且还可以代替人体本身"①。之所以会这样,就是因为"写东西让人读,就是作者对读者的声音和身体施加一种控制,这种控制甚至是跨越时空的。而读者的阅读就是将自己的肉体拱手让给另一个肉体来控制……这说明(用媒介)记录内容就意味着放弃对内容的隐私控制权,也就是放弃传播对象的明确性"②。

仅用文字"说"一段话,配上一张图或上传一个视频,就能成为一种文本,在微博空间肆意地传播,获得别人的转发和评论,对于"微博控"来说,这会带来很大的成就感和愉悦感,它意味着自己被认同或被欣赏。这种成就感和愉悦感的获得是如此轻而易举,以至于成为一个人对微博上瘾的主要原因,或是逃避现实生活中沉重事务的重要出口。美国文化研究学者格罗斯伯格等人对这种"媒介愉悦"曾有过这样的生动描述:"人们从媒介中获得愉悦的多元方式说明了他们与媒介之间感情关系的复杂。我们来看愉悦的不同含义以及达成愉悦的不同方法:摆脱或遗忘消极状态后的舒适感,强化于某一特定角色的认同感,分享他人情感生活的兴奋感,保持和收集专业知识的满足感,彻底放松后的极度快乐,抛开烦恼、释放压力后的放松感,打破规则的乐趣,做好自己本分的满足感,欲望和需求的满足感,通过反叛的行为震惊他人而得到的快乐感,宣泄清新的释放感。"③

---

① 彼得斯.对空言说:传播的观念史[M].邓建国,译.上海:上海译文出版社,2017:54.
② 彼得斯.对空言说:传播的观念史[M].邓建国,译.上海:上海译文出版社,2017:58-59.
③ 格罗斯伯格,渥泰拉,惠特尼,等.媒介建构:流行文化中的大众媒介[M].祁林,译.南京:南京大学出版社,2014:271.

"微博控"在微博上享受的这种体验,其实是一种"媒介愉悦"。关于"媒介愉悦"的特性,一直是西方学术界争论的焦点。其中一个极端是,某些评论家企图从道德上管理媒介使用,并删去他们反感的那些愉悦性内容。这些人认为,特定的愉悦既是邪恶的,在政治上也是危险的。而另一个极端是,一些批评家认为愉悦本身是对支配型体制和现代社会价值观的一种政治抵抗形式。例如,美国大众文化理论家费斯克认为,愉悦总是扰乱社会结构,而且不为社会结构所控制和管理……从流行文化中获得愉悦本身就是一种反抗行为。格罗斯伯格等人则认为,愉悦必须在语境中才能被判定,愉悦并没有直接的政治含义,愉悦的媒介既能被保守的政治势力利用,又能轻易地被自由的政治势力利用。[①]也就是说,一种能给人带来愉悦的媒介,往往会成为某种争夺的场域,政治、经济、文化都会借助媒介得以表征,或者发挥自己的影响力。因此,任何媒介成为什么样子,都是在一个特定的语境中被建构出来的。

建构媒介的语境与媒介建构出来的意义,在其媒介文本中都会得以呈现。因为没有文本是孤立存在的,且不与其他文本相互联系的。尽管微博上的文本,只不过是人们说话的内容,但正如巴赫金所说,"人们在日常生活中谈论最多的,就是别人说的话。人们传播着、回忆着、掂量着、讨论着他人的话、他人的意见、论断、消息,人们由此而愤怒,或是表示同意,或是争论反驳,或是引以为据,如此等等,不一而足……任何一次交谈中,总有不少工夫是传递和解释他人的话语……任何一个过着社会生活的人,他的生活语言平均

[①] 格罗斯伯格,渥泰拉,惠特尼,等. 媒介建构:流行文化中的大众媒介[M]. 祁林,译. 南京:南京大学出版社,2014:72.

不少于一半是他人的话语（思想上很明确是他人的话）"①。

正是因为这样，在微博上说话，必然会去谈论别人的话，与别人的话发生联系，这些话作为文本，也必然与其他文本发生种种联系。正如格罗斯伯格等人所说，"文本的意义是文本生产出来的，也是文本接合的产物，更是文本自己的容身之地。从这个意义上说，任何文本都是'互文文本'。换言之，文本和其他文本之间构成了一种连接。文本的这种特性能够帮助解释媒介信息彻底多元属性的本质。每一个文本，每一套能指体系，其身后都有众多的潜在文本，及其各自不同的含义"②。正是这种说话与说话之间的勾连，文本与文本之间的"接合"，才让微博超越140字文本的限制，通过超链接的方式，与广阔的社会发生关联，从而成为各种话语、观念和意识形态的汇集、碰撞之地。换言之，一个文本"只要它通过任何形式对受众所身处的世界发表看法，告诉他们什么是真实，什么是可能的，那么，这一文本就是意识形态的"③。

与此同时，由于微博上聚集的人群，会形成一个特殊的场域，或者前文所说的"阈限物"，也会影响到人们对于某件事情的看法，或者对某些事情进行放大或审视。比如一个人在现实生活中可能对某件事不会太在意，可是当它被放到微博的环境中来围观，那么随着围观者的增多，就很可能会成为一个热点事件。这些现象印证了格罗斯伯格等人的论断："他人的出现对于环境和媒介消费行为能产生关键性的影响，尽管这种关

---

① 巴赫金. 巴赫金全集：第三卷 小说理论[M]. 白春仁, 晓河, 译. 石家庄：河北教育出版社, 1998：125-126.
② 格罗斯伯格, 渥泰拉, 惠特尼, 等. 媒介建构：流行文化中的大众媒介[M]. 祁林, 译. 南京：南京大学出版社, 2014：173.
③ 格罗斯伯格, 渥泰拉, 惠特尼, 等. 媒介建构：流行文化中的大众媒介[M]. 祁林, 译. 南京：南京大学出版社, 2014：197.

系完全是非个人化的。很清楚,他人对媒介的反应会影响我们对信息的理解。例如,在影院里看喜剧电影,当所有人都笑的时候,我们感受到的乐趣要比我们在家里通过录像机收看时得到的乐趣要大。"①

在微博出现的初期,虽然很快在一两年内就聚集了上亿的使用者,但对于中国这样拥有十几亿人的国家来说,毕竟还属于少部分人在使用。因此,"微博控"徜徉流连的微博空间,其实是一个亚文化的空间。在那里,人们结合着新的媒介技术,创造了各种言语表达的新型方式,发表了许多在传统媒体上见不到的新奇言论,嘲讽了在现实生活中可能不敢嘲讽的社会现象,"微博控"在其中嬉笑怒骂、肆意狂欢,从而留下了一个特殊时期的文化氛围。它具有巴赫金视野里的诙谐和狂欢文化的重要特征,成为微博史上令人怀念的一段时光。

---

① 格罗斯伯格,渥泰拉,惠特尼,等. 媒介建构:流行文化中的大众媒介[M]. 祁林,译. 南京:南京大学出版社,2014:281.

巴赫金说，赞同是对话关系中最重要的形式之一。微博空间里充满了对话，也无时无刻充满了赞同。赞同需要各种形式，也需要各种风格。那么微博空间里的对话文本，有着怎样的形式和风格？这些形式与风格又具有怎样的文化意涵？

认同的快感

巴赫金在论述拉伯雷的创作与中世纪和文艺复兴时期的民间文化时，对民间诙谐文化和狂欢文化有着深刻的分析和解读。他把民间诙谐文化多种多样的表现，按其性质分为三种基本形式：

(1) 各种仪式—演出形式（各种狂欢节类型的节庆活动、各类诙谐的广场表演等）。

(2) 各种诙谐的语言作品（包括讽拟体作品）：口头作品和书面作品、拉丁语作品和各民族语言作品。

(3) 各种形式和体裁的不拘形迹的广场语言（骂人话、指天赌咒、发誓、民间的褒贬诗等）。

巴赫金说："所有这三种形式，尽管它们的种类各不相同，但都反映一种看待世界的统一的诙谐观点，都相互紧密联系，并以多种方式相互交织在一起。"①

前文已述，微博上的对话、诙谐和狂欢，都是通过网络文本呈现的。微博上的狂欢文化不可能像巴赫金所描绘的民间诙谐文化那样具有现实空间中的多种形式。但是，仅仅在这些文本里，也可以发现诸多的诙谐和狂欢的形式和样态。微博用户在微博这个赛博空间里创造出了许多前所未有的文本形式，它包含着某种仪式和表演，各种诙谐的语言作品，也创造了各种不拘形迹的言语。更重要的是，这些东西共同创造了一种自由宽松的氛围、一个快乐的空间。正是这个氛围和空间，让人们流连忘返。正如格罗斯伯格等人所说，"人们之所以以某种方式与特定的媒介产品纠缠，是因为这些产品能给他们带来娱乐，它们提供了一定程度的享受，能让人快乐"②。

---

① 巴赫金.巴赫金全集：第六卷 拉伯雷研究[M].李兆林，夏忠宪，等译.石家庄：河北教育出版社，1998：5.

② 格罗斯伯格，渥泰拉，惠特尼，等.媒介建构：流行文化中的大众媒介[M].祁林，译.南京：南京大学出版社，2014：271.

> 赞同别人，就是在确认自己；获得别人的认同，就是自己快乐的源泉。

诙谐和狂欢的氛围，需要一种互相认同的基础。每一个微博用户主体，通过别人来找到自己，"任何主体只有借助客体才能表现自己"①。从这个意义上讲，赞同别人，就是在确认自己；获得别人的认同，就是自己快乐的源泉。因此，在微博上，通过某种形式，让自己保持在与他人的对话形式中，就仿佛让自己置身于一个狂欢的广场上一样。正如巴赫金所说，"赞同是对话关系中最重要的形式之一"②。

微博狂欢化现象的第一种表现是"保持队形"的认同快感。"保持队形"，即利用相同的文字、表情等符号，借助微博的评论、转发机制形成整体上的统一感。换言之，这类微博狂欢文本在表征上必须具备直观的统一形式，在内容的表达上必须采用相同的编码，在信息的传播上重在达到团结就是力量的效果。而身处"保持队形"狂欢文本中的微博用户，由于个体的态度、意见和行为得到了群体的响应和支持，从而获得了认同的快感。

快感有两层含义：一是微博用户再生产狂欢文本的快感。因为认同类狂欢文本是关乎自我身份界定和阶级归置的文本，它里面包含着一个身份承认冲突的话语场。这类文本通常是微博用户通过积极的语义再生产，完成对现实中被规训、被控制的身份的悬置，从而获得一种形成新的身份关系的快感；二是对现实世界中等级秩序和权力控制等的抵抗、反叛、戏仿的快感。它重在突出异于现实世界大众之间的认同感，强调的是大众追求平等、自由和欢愉。具体来看，"保持队形"的认同类狂欢文本的表现形式有三类，即追捧"最右君"、转发就是力

---

① 彼得斯.对空言说：传播的观念史［M］.邓建国，译.上海：上海译文出版社，2017：219.

② 巴赫金.巴赫金全集：第四卷 文本 对话与人文［M］.白春仁，晓河，周启超，等译.石家庄：河北教育出版社，1998：334.

量和"呸"的接力。

追捧"最右君"

在微博上，评论是按照发布的时间顺序从右到左依次排列的。排在最右侧的，通常是第一个对原微博进行转发、评论的微博账号及内容。"最右君"则是在某条微博的转发和评论排列中处于"最右"位置的微博账号及内容，它通常以"最经典""最内涵""最搞笑"等风格鲜明的机智言辞戳中笑点，引发众人共鸣，从而产生集体追捧的狂欢效应。

例如，作家莫言在获得诺贝尔文学奖之后，在新浪微博上公开发布了一条微博："感谢微博上朋友们对我的肯定，也感谢朋友们对我的批评。"应该说，莫言的这条微博，语言客气严谨，态度谦逊诚恳。但是，没有想到，一位新浪微博用户在这条微博下写了一条评论，一下子受到众多网友的追捧，突然改变了交流的严肃氛围，转换为一种喜剧化的表达。

类似的例子，还有一位新浪微博认证用户发了一条晒图微博，这本来属于炫耀性的晒图，以展示自己的肌肉和身材。结果没有想到留言栏中的一条评论"此照片由 Google Glass 拍摄"引发了大家的哄笑。这条评论之所以让大家觉得好笑，是因为 Google Glass 作为谷歌公司开发的一种眼镜，除了具有通过声音控制拍照、视频通话和辨明方向等功能之外，还有"拓展现实"等功效，也就是说，它在拍照时会突出或放大一些事物。这句话一出来，就似乎内涵了该新浪微博认证用户晒图的原本意图，暗示其肌肉是经过拍照设备刻意放大的。大家之所以追捧"最右君"的评论，是出于欣赏它的机智和搞笑，对该新浪微博认证用户本人来说，也是一种善意的调侃。

诸如此类的例子在当时的微博上比比皆是，充分彰显了微博早期的精神气质和欢乐氛围。人们为交流智慧而来，也享受其中既嘲笑别人又被别人嘲笑的乐趣。

可见，追捧"最右君"的认同狂欢文本既是对常规思维逻辑的反叛，又是对日常生活的标新立异，也是对个体智力优越感的自由追求和张扬，还是对某种社会现象或社会认知、观念的喜剧化氛围的建构。

具体来看，首先，此类文本必须具备狂欢化的喜剧精神。巴赫金认为，"陀思妥耶夫斯基和拉伯雷的创作吸收了中世纪狂欢节和民间诙谐文化的喜剧特色，使'狂欢化'成了重要的喜剧特点"①，可以说，狂欢化体现的是一种喜剧精神，这种精神的实质是"对自由、平等的向往和追求"②。在这里，其表现为狂欢式的"笑"，它恰好与"相对性"的喜剧思维不谋而合，即两者都是植根于事物的内在矛盾。换言之，狂欢化的思维"实质上是喜剧思维，是一种在历史的发展变化中，从相对性的角度洞察并揭示事物自身矛盾和局限性的思维方式"③。因此，被追捧的"最右君"总是以具有极端化、夸张性和荒诞性的喜剧特点的回复，使原本稀松平常的微博言语走向发生了急剧的变化，营造出了一种全民狂欢的喜剧氛围。

其次，它重在凸显一种智力上的优越感。从"最右君"文本的内容来看，其机智的语言通常采用的是"反叛""颠覆""逆向"的对话逻辑，目的是制造出其不意、智力高人一等的喜剧效果。换言之，这种机智是包含喜剧意识的机智。而喜剧意识是"轻蔑感和优越感的结合，前者是对假恶丑的轻蔑，后

---

① 龙溪虎，王玉花.论巴赫金狂欢化理论的喜剧精神[J].江西教育学院学报（社会科学），2004（5）：83.
② 龙溪虎，王玉花.论巴赫金狂欢化理论的喜剧精神[J].江西教育学院学报（社会科学），2004（5）：83.
③ 龙溪虎，王玉花.论巴赫金狂欢化理论的喜剧精神[J].江西教育学院学报（社会科学），2004（5）：85.

者则是对生存价值的自我肯定而产生的内在优越感"①。由此，追捧"最右君"的行为，可以看成对日常生活世界中假恶丑等现象的抨击和批判，以及对植根于自身主体性较高的智力、较深刻的洞察力、较优秀的判断力的一种肯定和彰显。

最后，追捧"最右君"的认同快感，源于对所归属的"最右君"群体的积极评价的愉悦之感。社会认同理论认为，"个体有一种获得自尊的基本动机，这种动机的满足是通过在群际背景下，在那些内群有积极表现的维度上，将内外群之间的差异最大化而实现的"②。那么，追捧"最右君"，是微博用户出于强烈的自尊需要，而采取的对所归属的"最右君"群体的积极评价行为。而这种评价依赖于"最右君"群体呈现出的极具差异化的"风格"，它是一系列违背正常对话逻辑的符号表达和凸显个体智力优越感的语言逻辑系统，诸如"最雷人""最喜感"等风格。

比较典型的案例是"陈道明冷眼图"。2012年12月10日零点37分，某新浪微博达人用户上传了一张关于演员唐国强和陈道明在汶川地震期间参加诗朗诵的图片，并在图片旁加了"这个……噗！"的文字，还@了两个新浪微博好友（图3-1）。图中唐国强在镜头前手拿文件举拳慷慨陈词，陈道明在其后方神情显得十分严肃。这本是一张十分普通的照片，但出乎意料的是，到了当天晚上8点左右，这条微博被转发了56 000多次。随后，新浪微博官方立刻做出了反应，将其设置为24小时热门微博，并为其拟了标题"陈道明冷眼唐国强趣图火了"，网友贡献"神最右"跟帖；同时，还推送了"#陈道明冷眼图

---

① 季欣."反讽"的狂欢：中国青年网民"网络造句"现象的文化心理研究[J].中国青年研究，2013（9）：11.
② 豪格，阿布拉姆斯.社会认同过程[M].高明华，译.北京：中国人民大学出版社，2011：30.

火了#"的话题(图3-2),新浪微博用户"神最右"回复纷纷出炉(图3-3)。

图 3-1　某新浪微博达人用户微博截图

(资料来源为 http://weibo.com/huxiaoyu?is_search=1&visible=0&key_word=%E5%99%97&is_tag=0&profile_ftype=1&page=2#1419930225317)

图 3-2　新浪微博话题截图

(资料来源为 http://weibo.com/p/100808634a2f5543320b8982a471318ccede15/home?from=page_100808&mod=TAB#_rnd1419928933767)

在这张电视节目截图里,当陈道明的眼神被瞬间定格后,其正常的意味被解构,新浪微博用户秉承着狂欢化的喜剧精神,充分发挥想象力,从各种独特的且异于正常现实世界的视角,即两人扮演的角色、两人出演的广告、两人真实的形象等角度,来对其进行夸张、荒诞、搞笑的解读,从而产生了图3-3中各种机智言语的微博狂欢文本。

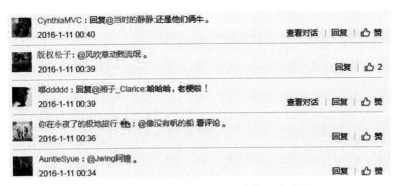

图 3-3　新浪微博用户"神最右"回复截图
（资料来源为 https://weibo.com/1604331572/z90W3flEY?type=comment#_rnd1608631667823）

此外，当这些被冠以"神最右"的评论横空出世时，新浪微博用户通过大量的转发，将自己纳入"神最右"群体当中，并且通过追捧这一行为，再次肯定了"神最右"群体对于"陈道明冷眼图"的解读，而且增强了个人加入"神最右"群体的欢愉之感。由此，在这里形成了一个喜剧化的全民狂欢的舞台，其道具便是陈道明和唐国强扮演的各种角色的身份交织，舞台的场景是由具有反差、逆向、夸张、怪诞的言语构建起的具有强烈冲突感的各类"神最右"回复，表演者则是参与其中的新浪微博用户，舞台的意义——智力上胜利的快感和认同的欣喜，则是通过追捧这一行为深入狂欢者的心中。

<h2 style="text-align:center">转发就是力量</h2>

转发，既是微博用户接收信息，形成或强化认知的一种方式，也是信息的再传播，实现认同的过程。同时，每一次转发都是一个交流互动的对话过程；每一个微博用户的转发行为都是参与信息意义建构的过程，即每一次转发，伴随主体身份的变化都会产生新的意义。而作为微博狂欢化表现之一的转发，

> 每一次转发都是一个交流互动的对话过程；每一个微博用户的转发行为都是参与信息意义建构的过程。

认同的快感 / 61

不仅止于个体转发这一行为，还集中于转发所形成的强大力量，这种力量的直观表征体现在两个方面：一是通过转发形成热门微博或热门话题；二是通过前者在微博空间里催生出一股强大的舆论洪流，以此来对日常生活世界状态或个体的生存等造成不容小觑的影响。换言之，微博狂欢化表现中的转发，特指通过转发的群体行为，达到一种能够在短时间内形成巨大影响力的公共舆论态势的效果。

例如，"7·21北京特大暴雨事件"，本是一起普通的突发性自然灾害事件，但是经过新浪微博用户数以万计的群体转发，演变成一起众多新浪微博用户参与的社会活动。这场社会活动最直接的结果是，不仅使该话题成为新浪微博当日的热门话题，而且使该事件成为"2012年度互联网舆情重大事件之一"①。

关于"7·21北京特大暴雨事件"的话题转发之所以影响广泛，就在于以下三个维度。

第一，关于该话题的转发，必须是群体高频次的转发行为。在短时间内，关于该话题的热门微博转发数要保持在1 000次以上。因为高频次、大规模的群体转发数，是全民性狂欢的保证。超过1 000次的转发数，不仅可以说明参与该话题讨论的微博用户的广泛性，而且可以造就类似于众人皆可表演的狂欢节景象。

第二，转发这一接收和传播并举的行为，必须在微博空间内营造出一个关于该话题讨论的多元化意见的市场。因为"作

---

① 祝华新，刘鹏飞，单学刚. 2012年互联网舆情分析报告（人民网舆情检测室）[R/OL]. (2012-12-21) [2020-10-15]. http://wenku.baidu.com/link?url=fDIlh9pqAcRj2DxDpfMDKTz1thMSYe593WtiyjFSxXyMD0GGMPAphkcR2Ry2uWKL2XdJ-bCJEkSz4vKy09RFcLNKLYlVV4EHmQB7RGVAtfy.

为文化的主导,狂欢节代表着多元、非中心、语言杂多"①,微博的转发狂欢应当是在个体话语权得到释放的基础上,形成一个观点多元、对话自由平等的意见市场。就该话题的狂欢传播而言,既有对城市公共基础设施建设和政府管理的拷问,又有对解救、帮助受难者人员的致敬与赞赏和对在暴雨中丧生之人的祈福,还有对暴雨中如何逃生的科学建议,等等。

第三,该话题的转发狂欢,是一次蕴含"变革与更新"的双重性相互转化意义的文本实践行为。巴赫金认为,狂欢节的重要精神在于其既埋葬一切又变更一切的力量。在该话题微博转发狂欢中,虽有大量文本是对政府管理成效的质疑,以及对灾难预防和治理的政府职能的拷问,诸如《人民日报》在官方微博上发布的《微评论:没有一流的下水道,就没有一流的城市》(微博转发数 26 211 次)和《微评论:别用"抗灾的坚强"掩盖"防灾的脆弱"》(微博转发数 9 610 次)两篇微博(图 3-4、图 3-5);但是,质疑政府管理成效并不是真正的目的,微博用户希望通过这样的狂欢行动来呼吁政府重视城市的发展和治理,以及提高全民应对灾难的能力,从而极大地降低自然灾害对人民的伤害程度。总之,该话题的转发狂欢实质上是以"团结"的力量,来促成一股强大的舆论洪流,从而督促政府完善城市的管理机制,切实保障每个公民的合法权益。换言之,它是在无情地揭露问题,强烈谴责不合理现象的基础上,呼吁应对城市突发灾害的制度的建立。

---

① 刘康.对话的喧声:巴赫金的文化转型理论[M].北京:北京大学出版社,2011:186.

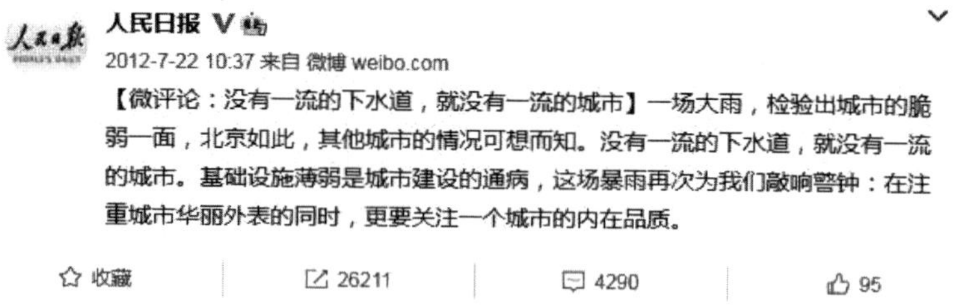

> 人民日报 V
> 2012-7-22 10:37 来自 微博 weibo.com
> 【微评论：没有一流的下水道，就没有一流的城市】一场大雨，检验出城市的脆弱一面，北京如此，其他城市的情况可想而知。没有一流的下水道，就没有一流的城市。基础设施薄弱是城市建设的通病，这场暴雨再次为我们敲响警钟：在注重城市华丽外表的同时，更要关注一个城市的内在品质。
>
> ☆收藏　　🔁 26211　　💬 4290　　👍 95

图 3-4 "《人民日报》V"新浪微博截图（a）

（资料来源为 https://weibo.com/rmrb?2803301701/ytB3UdUYK）

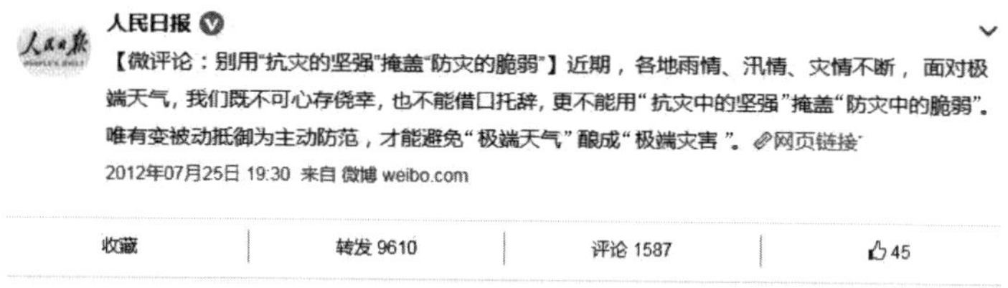

> 人民日报 V
> 【微评论：别用"抗灾的坚强"掩盖"防灾的脆弱"】近期，各地雨情、汛情、灾情不断，面对极端天气，我们既不可心存侥幸，也不能借口托辞，更不能用"抗灾中的坚强"掩盖"防灾中的脆弱"。唯有变被动抵御为主动防范，才能避免"极端天气"酿成"极端灾害"。🔗网页链接
> 2012年07月25日 19:30 来自 微博 weibo.com
>
> ☆收藏　　🔁 转发 9610　　💬 评论 1587　　👍 45

图 3-5 "《人民日报》V"新浪微博截图（b）

（资料来源为 http://opinion.people.com.cn/GB/n/2012/0725/c1003-18590396.html）

"呸"的接力

微博认同类狂欢文本的另一种表现是"呸"的接力。在这里，"呸"既是此类文本的必要构成要素，也是其鲜明的"风格化"表征；接力则是由高频次、广泛的转发或者评论促成的。换言之，这类文本是保持"呸"这一符号的文本队形，并在微博空间有着广泛的参与性和高度的认同性，这是通过数以百计、千计甚至更多的短时间内的评论数和转发数来体现的。此外，在这类文本中，"呸"必须同它所指示的对象一同出现。

具体来看，"呸"的接力这类狂欢文本有三种形式：一是

"某微博+呸",引发群体的转发或评论狂欢;二是某微博被转发后,同时配上"呸"的说明,引发接力狂欢;三是某微博一经发布,便激起了带有大量的"呸"的转发或评论的热潮。

"呸",是粗鄙化的语言,在《现代汉语词典》(第7版)中的解释为"表示唾弃或斥责"。在《康熙字典》中,"呸"是俗字,指"相争之声"。可见,"呸"兼具动词和叹词的双重表意效果。作为动词,它强调通过吐唾沫这一粗鄙的行为来完成对他者的唾弃;作为叹词,它重在突出"反对"之意。那么,"呸"的接力这类狂欢文本,自然秉承了"呸"的意义,即它在文本的表述中突出抗争的声音,揭示出某种矛盾的关系,进而彰显出清晰的否定、反叛之意。更重要的是,它通过接力狂欢,传达出众人不认同之意,并且通过这种鲜明的标举来完成个体对于某一群体的认同感和归属感,由此获得心理上的快感。

不过,这种众人抵抗的狂欢通常停留在微博语言交流的层面。由此认为,"呸"的接力这类狂欢文本实际上是一种充满想象的抵抗性认同运动的文本实践行为。抵抗性认同,即西班牙学者卡斯特所提出的拒斥性认同(resistance identify),它是指"由那些在支配的逻辑下被贬抑或污名化的位置/处境的行动者所产生的"[1] 认同。在"呸"的接力这类狂欢文本中,"呸"作为一个满含拒斥、反抗之词,清晰地将自我同所唾弃的对象划分开来,这种鲜明直观的冲突感既清晰地表达出个体的态度和价值观,又通过唾弃他者来完成对自我身份的定位。同时,这种唾弃、反抗往往针对的是现实世界中不公平、不公正的社会层级或社会现象,凸显的是个体被压

---

[1] 卡斯特. 认同的力量 [M]. 夏铸九,黄丽玲,等译. 北京:社会科学文献出版社,2003:4.

抑、被从属的弱势状态。从这点来看,这类狂欢文本确实同抵抗性认同的概念高度契合。

"呸"的接力这类狂欢文本,在话语形式上类似于复调小说中多声部的"对话"语言。巴赫金认为,复调小说的语言,"关心的是每一个主体的话语位置即其意识形态的立场和观点,追求的是语言背后的意识形态立场的互相冲撞、质询、对话和交流"①。因而,在此类文本中,需要关注的是文本话语中的主体间的关系,而这种关系又通过"呸"这个具有强烈反叛意味的词,清晰地传达出对立的含义。同时,这种对立揭示的是两种主体背后所代表的意识形态、权力关系等的对立。更为关键的是,"呸"是一个粗鄙化的言语,它所建构的话语场,是一个非官方的、为"老百姓"所有的、充满平等和颠覆意味的狂欢世界。

巴赫金认为,狂欢化具有全民性、仪式性等特征。其一,所有人都是参加狂欢节的主体,都享受着狂欢的乐趣。"在狂欢节上,人们不是袖手旁观,而是生活在其中,而且是所有的人都生活在其中,因为从其观念上说,它是全民的。"② 其二,狂欢节是由各种礼仪和仪式构成的庆典,给国王加冕和脱冕是其仪式性的集中体现。"加冕和脱冕,是合二而一的双重仪式,表现出更新交替的不可避免,同时也表现出新旧交替的创造意义;它还说明任何制度和秩序,任何权势和地位(指等级地位)都具有令人发笑的相对性。"③(笔者译)其三,狂欢节开创了第二生活空间,它彻底颠覆了所有不平等状态。由此,一

---

① 刘康. 对话的喧声:巴赫金的文化转型理论 [M]. 北京:北京大学出版社,2011:134.
② 巴赫金. 巴赫金全集:第六卷 拉伯雷研究 [M]. 李兆林,夏忠宪,等译. 石家庄:河北教育出版社,1998:8.
③ Baiktin, Mikhail. *Problems of Dostoevsky's Poetics* [M]. Minneapolis: University of Mimesota Press, 1984:179.

切阻碍人们接触的距离消失了,人们隐性的一面被无限放大,插科打诨和语言粗鄙成为常态,自由而亲昵的新型交往方式诞生,所有曾处于对立两极的东西都结合到一起,这种一律平等自由的特质,在巴赫金看来,就是"成为整个狂欢节世界感受的本质部分"①。

微博是一个基于微博用户关系信息分享、传播及获取的平台。在微博上,任何人在任何时间、任何地方都可以通过电子邮件、手机短信、即时通信工具、网页等发布简短内容,上传图片、音频、视频短片。2016年,微博的内容取消了140字的限制,它凭借自身即时、高效、裂变的传播模式,低门槛、平民化的传播机制,以及同其他媒介高度融合的特性,真正实现了全民随时随地获取、分享、交流信息的梦想,表现出强大的传播态势和巨大的舆论力量。由此可见,微博空间所具有的全民性、平等性、互动性,使其天然成为一个狂欢化的公众广场,而其狂欢化的表现在秉承了巴赫金所阐述的狂欢特质后,又因自身碎片化、匿名性、自主性等新媒介特征,有了新的呈现形式,即全民性的哄笑、流行语的狂欢游戏和认同的快感。

---

① 巴赫金.巴赫金全集:第六卷 拉伯雷研究[M].李兆林,夏忠宪,等译.石家庄:河北教育出版社,1998:12.

微博里有各种笑脸符号,这些符号的聚集,构成了一种哄笑现象的表征。那么微博里的哄笑如何呈现?它们具有怎样的性质和意义?它们与巴赫金的诙谐文化有着怎样的内涵上的联系?

哄笑即意见

在巴赫金看来，诙谐文化或狂欢文化的一个重要特征就是哄笑。而哄笑不是对某一单独（个别）"可笑"现象的个体反应，而是一种群体效应。全民性的哄笑是微博狂欢化的又一种表现，它与巴赫金狂欢理论中的"笑文化"高度契合。巴赫金认为，狂欢节的"笑"，一是"全民的，所有人的笑"[①]；二是"笑"的对象包括了一切事物和人；三是"这笑是双重的，否定后肯定，埋葬后再生"[②]，即它对事物或人的否定不是为了摧毁，而是令其洗心革面，获得重生。

哄笑作为微博文本的符号化表达，不仅是含有"笑"意的表情或文字，也是一种充满哄笑意味的氛围营造，它反映的是微博用户对于客观现实的理解、建构或解构。在微博上，当哄笑以全民的方式呈现，尤其指向主流话语和官方权威意识形态之时，狂欢便很容易出现了。

哄笑主体的多元化

在微博上，多元化的微博用户构成，促成了哄笑主体的多元化。从性别比例来看，"在微博整体用户当中，男女用户比例大体均等"[③]（图4-1）。可见，哄笑是抹去了性别差异的每个人均可参与的笑。从年龄构成来看，哄笑的主体包括"90后""80后""70后""70前"（图4-2）。因此，哄笑是老少皆宜的集体发声。从学历分布来看，虽然微博用户以高学历人群

---

① 北冈诚司. 巴赫金：对话与狂欢 [M]. 魏炫, 译. 石家庄：河北教育出版社, 2002：335.

② 北冈诚司. 巴赫金：对话与狂欢 [M]. 魏炫, 译. 石家庄：河北教育出版社, 2002：335.

③ 新浪微博数据中心. 2013年微博用户发展报告[R/OL].（2013-12-06）[2020-10-17]. http://data.weibo.com/report/detail/report?copy_ref=zuYT1rJriAgUC&_key=2VmtCYE&m=b.

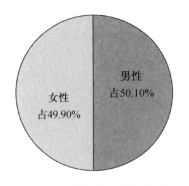

图 4-1 微博用户男女比例
（数据来源为新浪微博数据中心）

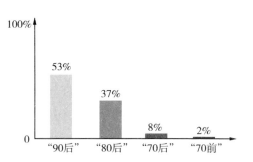

图 4-2 微博用户年龄分布
（数据来源为新浪微博数据中心）

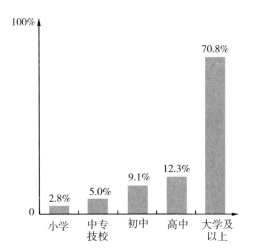

图 4-3 微博用户学历分布
（数据来源为新浪微博数据中心）

为主，但仍涵盖了各个学历阶层①（图 4-3）。发出哄笑的人群，既有社会精英、意见领袖等，又有普通工人和农民。就行业分布而言，微博用户来自社会各个行业②（图 4-4），尽管其各自职业不同，但并不影响他们聚集在微博空间里一起发笑。不一样的社会身份，发出的是一样的笑声。此刻，

---

① 新浪微博数据中心. 2013 年微博用户发展报告[R/OL].（2013－12－06）[2020－10－17]. http://data.weibo.com/report/detail/report? copy_ref＝zuYT1rJriAgUC&_key＝2VmtCYE&m＝b.

② 新浪微博数据中心. 2013 年微博用户发展报告[R/OL].（2013－12－06）[2020－10－17]. http://data.weibo.com/report/detail/report? copy_ref＝zuYT1rJriAgUC&_key＝2VmtCYE&m＝b.

他们不分彼此，在哄笑的狂欢中，释放情感，表达意见。

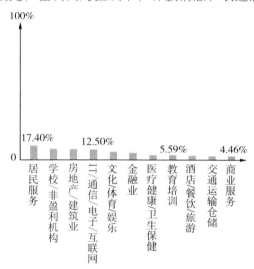

图 4-4　微博用户行业分布
（数据来源为新浪微博数据中心）

此外，微博狂欢在很多时候往往是微博活跃用户为主的狂欢，他们多样化的身份构成是哄笑主体多元化的保证。① 在图 4-5 中，"学生与群众共同构成了活跃用户的基石，打拼族成为中流砥柱，达人和权威则接近于精英阶层，三个阶层人数比例接近 6：2：3"②。因此，从身份阶层来看，微博活跃用户涉及了学生、群众、打拼族、达人、权威等

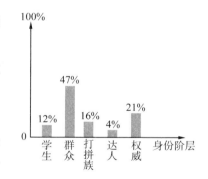

图 4-5　微博活跃用户身份构成
（数据来源为新浪微博数据中心）

---

①　高尚，林升栋，翁路易，等. 基于身份识别对中国微博活跃用户的分群研究 [J]. 现代传播，2013（10）：121.
②　高尚，林升栋，翁路易，等. 基于身份识别对中国微博活跃用户的分群研究 [J]. 现代传播，2013（10）：121.

多种身份阶层。那么,他们的发笑,便是多元化身份交叠而成的集体哄笑。

例如,某新浪微博认证用户发了一条"#大叔吐槽星座#系列季第七篇:我的极品室友狮子座!"(图 4-6)的微博,引来了众多新浪微博用户的评论和转发。尤其是该微博中"千万别在狮子面前说它的缺点,所有当面说狮子缺点的人,都莫名其妙地变成蝴蝶飞走了"这句话成为新浪微博用户评论中哄笑狂欢的对象(图4-7)。在这场以"哈哈"大笑的表情和含有哄笑意味符号为主的狂欢里,参与其中的新浪微博用户多种多样,既有新浪微博达人用户,也有新浪微博认证用户,还有新浪微博普通用户。他们的性别、职业、身份等虽千差万别,但他们在一句充满娱乐、戏谑成分的"变成蝴蝶飞走了"的言语

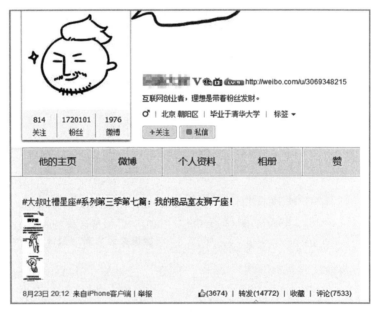

图 4-6　某新浪微博认证用户微博截图

(资料来源为 http://weibo.com/3069348215/BjE6NI2Ep?type=repost#_rnd1430613239749)

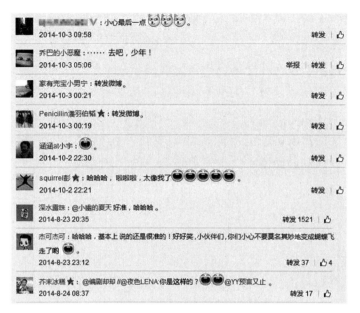

图 4-7 某新浪微博认证用户微博评论截图
(资料来源为 http://weibo.com/3069348215/BjE6Nl2Ep)

传播下，纷纷发出笑声。

"变成蝴蝶飞走了"这句话源自 20 世纪 90 年代热播电视剧《还珠格格 2》。在当时的情境中，它是充满正义感和人文情怀的主人公们为了成全真心相爱之人而想出的计策。这虽然是关于一个人消失的谎言，但其所体现的真挚伟大的友情、爱情令很多观众动容，并一度被奉为经典。而在图 4-6 中的这条微博里，这句话蕴含的情感意义已大为不同。在这里，它是借助戏仿经典而极力渲染狮子座的"极品"性格，从而为其贴上霸道、强悍、不好惹的标签。看过《还珠格格 2》的新浪微博用户看到陌生化的经典之后，在感怀岁月的同时不禁被狮子座的"极品"性格逗得捧腹大笑；未看过《还珠格格 2》的新浪微博用户则为这一消失方式的诙谐、有趣而发笑。当然，作为狮子座本人和与狮子座相处过的新浪微博用户，也出于种种原因捧腹大笑。在形形色色的哄笑中，有人用笑声表达被戳中真相的无奈或兴奋；有人用笑声来消解"极品"的意义；有人用笑声招来同伴一起寻求真相，或维系社交关系；还有人用笑声来表达这种解读方式的喜感。可见，以多元主体构成的微博全民哄笑狂欢，冲破了阶级、身份的枷锁，摒弃了严肃神圣、一本正经的形象，在笑声的浪潮中表达多元意见，凸显多元价值，而这又与微博平台上呈现出的一种"意见多元"的状态不谋而合。

哄笑对象的全包性

巴赫金认为，狂欢节的笑"针对的是一切事物和所有的人，笑的主体和客体之间没有明确的界限"①，换言之，这里的笑是"嘲笑整个世界，对一切都进行戏剧化、降格"②。而"降格"是"把一切高级的、精神性的、理性的和抽象的东西贬低化、世俗化"③。

在微博全民哄笑狂欢中，哄笑对象也是包罗万象。在此类文本中，一方面，笑者和被笑者之间无明确界限，参加狂欢的每个人都可以成为笑的对象，这里的笑不是他人之笑，而是身处狂欢中的我们对自己的笑；另一方面，笑是针对文字、图片、声音、图像等各类符号的笑，即一切在微博上传播的符号都可纳入笑之范畴。此外，笑把一切对象都相对化了，即严肃、规范等在哄然大笑中被降格、被戏剧化了。而其所蕴含的

---

① 凌建侯. 巴赫金哲学思想与文本分析法 [M]. 北京：北京大学出版社，2007：233.

② 刘康. 对话的喧声：巴赫金的文化转型理论 [M]. 北京：北京大学出版社，2011：335.

③ 凌建侯. 巴赫金哲学思想与文本分析法 [M]. 北京：北京大学出版社，2007：233.

颠覆、反抗意味更激发了新浪微博用户参与狂欢的热情，他们在捧腹大笑中获得宣泄的快感之后，更加注重累积抗拒的勇气，狂欢的声势随之迈向高潮。一旦笑所带来的胜利感达到新浪微博用户内心的饱和值后，其笑声便渐渐减退直至消失，如图 4-8 所示。

图 4-8　某新浪微博用户新浪微博截图
(资料来源为 http://weibo.com/1800294861/zAtyECWrS，现已失链)

在图 4-8 中，某新浪微博用户既笑大脸猫的无辜呆萌，又笑大脸猫啃不到西瓜的窘态，还笑它脸大所产生的无奈。

应当注意的是，新浪微博用户在新浪微博上引发的相关表述，是以围观和参与的方式，将自身的生活图景和现实感受纳入包罗万象的微博狂欢氛围中，如此，他们在情感上找到了宣泄的突破口，在心理上战胜了那些在生活中掌握话语权的人，从而赢得一种精神上的胜利。

哄笑含义的双重性

哄笑,是肯定与否定并存,兼具嘲讽与欢乐双重之义。在巴赫金看来,"'狂欢节的笑是对着崇高事物的。羞辱、讥笑(作为最高天神的)太阳或其他大神、人间的最高的权力、权威。'但这不是为了愚弄'至高的东西',而是为了'让它们洗心革面'才'进行嘲笑'的"①。狂欢节的笑是同死亡和再生联系在一起的笑,它既嘲讽权威、强调危机,又流露出欢愉喜悦、期待新生之意。"因此在这个'笑'中,强调了'讥讽和欢欣的融合'及其双重性。"②

首先,在微博狂欢化现象中,充满了各式各样的笑,有冷嘲热讽的笑、幽默机智的笑、无奈无助的笑、欢喜开心的笑、缓解焦虑的笑等。而笑作为狂欢的重要情感形式和要素,其特性在于"与自由不可分离的和本质的联系,它显示了人们从道德律令和本能欲望的紧张对峙中所获得的自由"③,即狂欢的笑是"自由自在"的。但是,笑作为人类最基本和最重要的情感之一,在微博狂欢主体所生活的现实世界当中,它的显露往往是不合时宜或是受到限制的。例如,对于紧张忙碌的都市上班族来说,每天的生活都被繁重的经济压力所束缚,同时各种加诸在身上的现实社会角色迫使其不得不投入紧张严肃的奋斗生涯之中,如此一来,笑很容易成为奢侈品被束之高阁。再如,在现实生活中,面对社会结构性的压抑,即"表现为资源

---

① 北冈诚司. 巴赫金:对话与狂欢[M]. 魏炫,译. 石家庄:河北教育出版社,2002:276.
② 北冈诚司. 巴赫金:对话与狂欢[M]. 魏炫,译. 石家庄:河北教育出版社,2002:276.
③ 巴赫金. 巴赫金全集:第六卷 拉伯雷研究[M]. 李兆林,夏忠宪,等译. 石家庄:河北教育出版社,1998:611.

和机会的社会流动性淤塞,且权贵阶层的公共关怀精神的缺失和策略性的利益抱团"①,平民大众产生了普遍的焦虑情绪,但碍于自我身份的束缚和利益表达机制的缺失,其缓解焦虑的笑声往往会被排除在现实之外。

其次,笑中蕴含的是态度,而态度意味着立场。那么,笑的表达,便是立场的发声。发声,即发表意见。因此,哄笑实为意见的表达。人们参与微博狂欢,是为了在这个与日常生活颠倒的世界里,夺得自身的话语权,以汇成一股狂欢洪流。简言之,微博上的哄笑声同巴赫金所说的狂欢节中的笑是一致的,它调侃了现实世界中的不合理和不公正的现象;它否定了单一、绝对,肯定了多元、相对。总之,瓦解和摧毁不是笑的目的,而是令一切得到改善和提升。

例如,新浪微博用户将"八点二十分发"这一热词创造性地嵌入其他话题,借以营造出整体上戏谑、诙谐的哄笑狂欢的氛围。其他新浪微博用户在参与话题互动中,将讨论的"八点二十分发"的准时性,同耳熟能详的交通宣传语"宁停三分钟,不抢一秒钟"的把控性放在一起,产生了冲突强烈的喜剧感。而公众的追捧,是为了在能动的再编码传播中建构个体情感空间,将消极情感进行积极表达,实现个体价值,获取解构主流文化的快感。此外,新浪微博用户聚集在新浪微博上对此发出集体哄笑,是以这种虚拟空间的意见公开表达,来使其在日常生活中所遇到的困难得到暂时的、象征性的解决,这样一来,自我也在哄笑中消解了各种不快,获得了令身心愉悦的体验。由此可见,哄笑的双重之义贯穿微博狂欢的始终。

---

① 汪磊.网络场域中的狂欢景观及其社会焦虑镜像:以标签化的"话语符号"为观察窗[J].天府新论,2013(3):94.

作为一种"言语的街舞",微博一定会追求不同的言语风格,这样才能不断地以奇异之态而独树一帜。微博提供了一种言语创新的空间。一种特别的表达,引发共鸣,受到追捧,就会不断地被模仿或传播,从而形成层出不穷的流行语,甚至是奇特的文体形式。其中有智趣,有创造,虽然也都会像一阵风一样消失。

流行语的狂欢游戏

微博流行语，作为流行语的一个分支，本质上是网络流行语，即网民之间约定俗成的风靡一时、高频使用、具有新颖性的网络用语。具体表现在四个方面：一是微博流行语是在微博平台上进行病毒式传播的流行话语；二是它在时间上具有阶段性，即一个时间段内的传播现象；三是它是微博用户高频率的使用行为和语义的再生产过程；四是它在形式上、结构上、语义上等都具有新颖性。笔者在这里讨论的微博流行语，主要是指以具体的词语、短语或句子呈现的文字符号。

在我国，从微博诞生至今，微博流行语层出不穷，来源多种多样。具体来看，第一类是源自影视作品，诸如"臣妾做不到啊""元芳，你怎么看"等。第二类是源自热点新闻事件，诸如"有钱，就是任性""教科书式执法"等。第三类是源自社会公共事件，诸如"至于你信不信，我反正信了""我爸是李刚"等。第四类是源自官方说辞，诸如"光盘""工匠精神"等。第五类是源自书籍作品，诸如"羡慕嫉妒恨""中国式××"等。第六类是源自大众传媒话语，诸如"最美××""你幸福吗"等。第七类是源自外来语的借用，诸如"卖萌""粉丝"等。第八类是源自网民自创，诸如"何弃疗""不明觉厉"等。第九类是源自方言俗语，诸如"挂腊鸭""老铁"等。第十类是源自古典诗词，诸如"待我长发及腰体""爱而不藏，自取灭亡"等。第十一类是源自公众人物，诸如"且行且珍惜""我不要你觉得，我要我觉得"等。第十二类是源自网民对社会身份的重新建构和认同，诸如"屌丝""吃瓜群众"等。第十三类是源自新媒体环境，诸如"大V""点赞"等。第十四类是源自各类电视栏目，诸如"hold住体""非诚勿扰体"等。第十五类是源自商业行为，诸如"淘宝体""凡客体"等。第十六类是源自网民对个体情感和行为的描述，诸如"杯具""吐槽"等。

微博流行语迥异的来源,令其天然具有"语言杂多"的表征。"语言杂多"是巴赫金创造的一个俄文词,"用来描述文化的基本特征,即社会语言的多样化、多元化现象"①。微博流行语无论是从形式、结构上,还是从语义上都呈现出多样化、多元化的特征。

微博流行语狂欢,在具体的文本呈现上,具有以下特点:

首先,微博流行语狂欢有别于现实世界统一规范的语言系统,语言的自由表达是其最基本的原则之一。由此,高雅、规范的语言往往被排斥在外,粗俗化、卑贱化的语言则大行其道。

其次,微博流行语狂欢具有去中心化的特质。在这里,官方与民众、主流与边缘、强权与弱势等严格的二元对立状态被打破,现实世界中的绝对化、中心化不复存在。权威、官方、主流、强权都可以被解构、被讽刺、被颠覆、被反叛。

再次,微博流行语狂欢是微博用户自发的结果,是一种积极主动的传播和接受行为。因此,微博流行语狂欢体现了微博用户创造的智慧和再编码的乐趣。微博流行语的语义不是某个人、某个组织强加上去的,而是微博用户利用自我的创造力,重新解码和编码,赋予其新的意义,继而在创造的智趣中积极传播出去的。

最后,微博流行语狂欢同严肃、经典背道而驰,它以游戏、娱乐的方式,调侃着自我与他人,肆意释放欢乐与悲伤;嘲弄着权贵与主流,毫无顾忌地嬉笑怒骂;戏谑着神圣与典范,尽情享受平等的快乐。此外,微博流行语狂欢也会以区别于主流话语、官方意识形态的言语,来表达大众的欣喜、自豪

---

① 刘康.对话的喧声:巴赫金的文化转型理论[M].北京:北京大学出版社,2011:4.

等积极情感。

综上所述,微博流行语狂欢是大众争夺表达权、创造权、话语权的一种体现,其文本在表现上具有粗鄙性、反讽性、创造性和娱乐性的特征。

粗鄙的流行

粗鄙,即粗俗、鄙陋。巴赫金认为,粗鄙化既是狂欢节语言的一个重要特征,也是狂欢世界感受的一个重要部分。粗鄙包括"狂欢式的冒渎不敬",把置于高处的东西强拉到低处的"一整套降低格调的狂欢式体系",以及与大地的"生产力"、人体的"生殖能力"相关的"狂欢式污言秽语、动作""对神圣文字和箴言的模仿讥讽"等范畴。① 其中,"上下倒错"和"卑贱化"是实现狂欢语言粗鄙化的两种主要途径。"上下倒错"是指"人体的上下部分的错位,即主宰精神、意志、灵魂的'上部'(头颅、脸孔等)和主宰生殖、排泄的'下部'(生殖器、肛门等)的错位"②。"卑贱化"则是指"对身体关怀从头脑和心脏(精神与情感的主宰)降低到'肉体的低下部位'"③。

微博流行语狂欢,同样充满了粗鄙化。在微博的狂欢广场上,大众摘下了平日里一本正经的面具,躲在网络虚拟性的"遮羞布"下,随意而亲昵地接触,尽情释放压抑的情感,言语之间充斥着下里巴人的笑骂嘲讽,竭尽所能地追求感官愉悦

---

① 北冈诚司.巴赫金:对话与狂欢[M].魏炫,译.石家庄:河北教育出版社,2002:335.
② 刘康.对话的喧声:巴赫金的文化转型理论[M].北京:北京大学出版社,2011:187.
③ 刘康.对话的喧声:巴赫金的文化转型理论[M].北京:北京大学出版社,2011:187.

的满足。由此，污言秽语、各种与"性"有关的卑贱化语言大肆流行。同时，这类语言同样沿用了"上下倒错"和"卑贱化"的方式，即它将一切在现实世界中处于"上"的物质或人，都置于与肉体"下"的部位和土地相联系的位置。由此，现实世界中处于上方的神圣、伟大等东西被放置在与之对立的下方之中，并进行新的审视和理解。

首先，微博流行语狂欢的粗鄙性，表现在对于自我的认知和自我身份的界定上。比较有代表性的是"屁民""草民"，它们都是相对于"人民"这一称谓的自我降格。

"屁民"是网民的新造词，相当于英文中的"shitizen"一词。"shitizen"脱胎于公民的英文单词"citizen"。这里将"ci"换成"shit"，公民的含义被消解了，而具有污秽之义的骂人词汇"shit"很好地将公民降格，并恰如其分地表达了"屁民"的含义。无论是英文的"shit"，还是中文的"屁"，都将肉体下半部分的排泄物置于具有思想、智慧的人的大脑之上，这是典型的上下位置的倒错。

"屁民"，表面上是大众污言秽语的肆意宣泄和自我调侃的娱乐化表现，实则是通过对自我身份的降格、矮化，来陈述个体在现实世界中处于弱势的事实，表达自己的不满与无奈。

"草民"，泛指平民。"草民"彰显了个体的"卑微"。在现实世界中，具有较高政治地位的人民，在微博狂欢的广场里，被拉到了同土地紧密联系的所谓的低下位置。"草民"在表现大众对于自我身份自嘲的同时，又凸显了希望得到更好待遇的期许。网络上，关于"草民""屁民"等自我降格称谓的微博流行语狂欢文本，不胜枚举，这里不再赘述。

其次，粗鄙性用于对他人、对世界的认知和界定上。在具体的话语实践上，它们大多指向以主宰生殖和排泄为主的肉体的下半部位，以及与性有关的行为。由此，他人在粗鄙化的过程中，从处于高层次的以灵魂、意识和精神为主宰的富于智慧的人，沦为低层次的仅以肉体的下半部位示于众人的野蛮、粗俗的群体。世界则是从文明、秩序、规范降格为落后、无序、失范的混沌状态。而自我之情感在粗鄙化的流行语中，得到了尽情释放，尤其是粗鄙化所带来的摆脱禁忌束缚的自由之感很好地迎合了大众心理。

例如，"二逼""逗逼""蛋疼"等微博流行语狂欢是生殖崇拜的一种异化。所谓生殖崇拜，就是对生物界繁殖能力的一种赞美和向往。生殖崇拜是原始社会普遍流行的、用以表示追求幸福的、希望事业兴旺发达的愿望的一种风俗。而在现代社会里，生殖崇拜由于种种规范的限制，其呈现方式变得隐秘和多样。同时，公然谈论生殖隐私是现实社会所不允许的，并且随意暴露生殖隐私是无耻的行径。由此，微博上以粗鄙为特征的流行语狂欢是异化的生殖崇拜文化，它主要用于对自我和他人的降格和矮化。同时，以生殖隐私为主宰的污言秽语的公开化，褪去了羞耻的印记，是对文明赤裸裸的挑战和反叛。

以"二逼"为例，该词的狂欢主要见于文艺青年、普通青年、二逼青年的微博对比文本中。"二逼"是指一个人言行不靠谱、与常人不同。在微博狂欢的场域里，"二逼"是用于对一类人的认知和身份界定上，如图5-1、图5-2所示。这两个微博流行语狂欢文本都是普通青年vs文艺青年vs二逼青年的结构。在这场以戏谑、恶搞、娱乐为特征的青年对比狂欢里，二逼青年的怪异、疯癫的形象得到了很好的塑造，由此完成了对于二逼青年的身份界定。

> 微博上以粗鄙为特征的流行语狂欢是异化的生殖崇拜文化，它主要用于对自我和他人的降格和矮化。

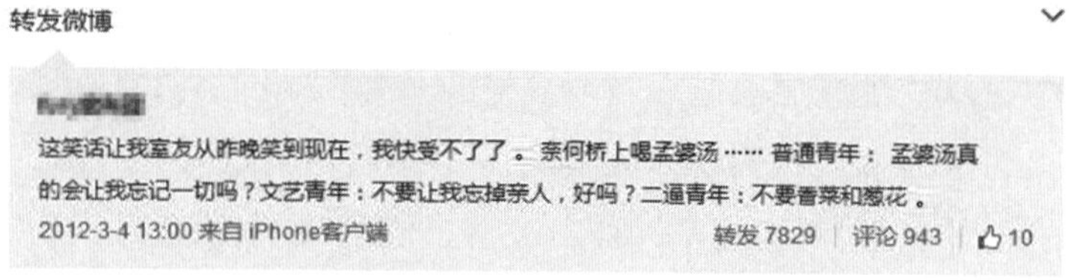

图 5-1 某新浪微博用户新浪微博截图（a）

（**资料来源为** http://weibo.com/1882842932/profile?topnav=1&wvr=6）

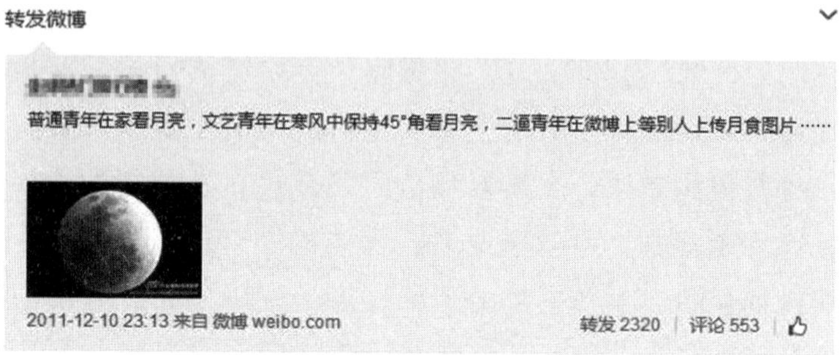

图 5-2 某新浪微博用户新浪微博截图（b）

（**资料来源为** http://weibo.com/1882842932/profile?topnav=1&wvr=6）

具体而言，将二逼青年同文艺青年、普通青年做比较，一是突出二逼青年的言行异于常人；二是对于二逼青年的独特解释，尽显用户游戏、娱乐之心态。嘲讽二逼青年，不仅会给他们带来欢愉之感，还会让他们享受到随意骂人的自由感；三是狂欢者刻意以粗俗之眼光审视二逼青年，暗含的是对于普通青年、文艺青年的讽刺。因为普通青年、文艺青年代表的是主流文化或精英文化，二逼青年则是青年亚文化的某些代表。

最后，粗鄙的流行语狂欢，相较于现实中文明、含蓄的情感表达，实则是一场直白强烈的情感宣泄盛宴。当各种与生殖、性有关的脏话所承载的愤怒、苦闷、焦灼等情感大行其道，且被众人追捧之时，情感共同体便由此建构了。而当这种情感所传达出的意见获得人众认同时，狂欢便出现了。例如，

"我去""我擦"等都是个人以"骂"的口吻宣泄各种日常生活中的负面情绪。而负面情绪不仅是人基本的心理表现,也是人共有的情感体验。因此,当个人负面情绪的表达引起他人共鸣之时,很容易激起群体负面情绪的宣泄。

综上所述,微博上粗鄙流行语的狂欢传播,实质上是利用"上下倒错"和所谓"卑贱化"的途径,将现实世界颠倒过来,重构对于自我、他人和世界的认知,从而在充满想象的微博流行语狂欢文本中,实现个体的情绪表达。

反讽的表演

反讽,即说此指彼,是指"两个不相容的意义被放在一个表达方式中,用它们的冲突来表达另一个意义"[①]。作为一种修辞手法,反讽重在"利用两个符号文本的排斥冲突,求得对文本表层意义的超越"[②]。也就是说,在反讽中,存在着两种不同的声音,它们彼此争斗,从而使得文本的含义屈服于闯入源语言的第二个声音。

反讽是中世纪狂欢节广场语言的一个重要表现形式,它虽是对源语言的引用,却赋予了一种与源语言意向完全相反的意义。在狂欢节的广场上,充斥着反讽的言语,张扬着对于统治阶层、上流社会、神圣宗教的嘲讽。平民在言谈中贯之反讽的语调,既在讲述中完成了对现实世界的颠覆,又在心理上获得了战胜恐惧的欢愉。

首先,作为微博流行语狂欢的一种表现形式,反讽的表演

---

① 马中红.青年亚文化研究年度报告(2013)[M].北京:清华大学出版社,2014:105.
② 马中红.青年亚文化研究年度报告(2013)[M].北京:清华大学出版社,2014:105.

是微博用户积极地解码文本的结果。当某一个文本流入微博空间后，微博用户会根据自身认知来重新界定文本的含义，并从自身所处的社会情境和情感体验等对文本做出相应的价值判断。倘若源文本的含义同微博用户的认知发生较强冲突，他们往往会采取协商或抵抗式的解码，即采用相对缓和的折中方式或比较强烈的反其道而行之的方式对源文本进行解读。反讽则常常作为强烈的抵抗式解读的手段而出现。

其次，反讽的表演是微博用户积极的语义再生产的结果。微博空间中的文本传播，不是机械化的意义复制，而是微博用户创造性地再编码的过程。再编码意味着源文本和微博用户在再传播文本之间的语义争斗。倘若两者意思相近，则争斗归于同一；倘若两者意思截然相反，争斗的结果往往是后来闯入源文本的语义胜利。而再编码的文本倘若受到众多微博用户大规模的响应，则说明语义的再生产被肯定和被认同。

最后，在表征上，反讽的表演一般是对主导群体话语的瓦解。关于微博流行语反讽狂欢的表演，不胜枚举。这里不再一一说明。

例如，"我能说脏话吗"微博流行语反讽狂欢。2013年3月22日，某媒体就油价步入8元时代问题随机采访路人，某男子面对镜头发问："我能说脏话吗？"记者回答："不能。"该男子接着说："那我没什么好说的了……"随后，这段采访播出后，新浪微博用户大量转发该视频，并将"我能说脏话吗"纳入自我的传播体系当中，一个微博流行语随即产生，如图5-3所示。

图 5-3 某新浪微博认证用户新浪微博截图

(资料来源为 http://weibo.com/1882842932/profile?topnav=1&wvr=6)

"我能说脏话吗"之所以能产生广泛影响，一是该话语是个体面对媒体采访的真诚、真实回答，比较准确地反映了个体意愿，与以往摆拍的矫揉造作和弄虚作假大为不同；二是该话语道出了一些人的心声，引发了共鸣。网友在为这个男子点赞的同时，也积极运用该语言表达自我的心声。而后来，新浪微博用户也将"我能说脏话吗"用于更多领域。

创造的智趣

微博文本的传播、分享、评论，是微博用户独立自主的行为，也是微博用户独立意识的体现和价值判断的凸显。因此，微博用户作为具有主观能动性的个人，不仅会从微博中获取、传递信息，还会发挥个体才智进行积极的创造性文本的传播。微博用户自身就是传播的中心，他们主动投入信息的再编码过程中，在创造中收获乐趣。具体来看，创造类的微博流行语狂欢，依据其创作的方式，可分为微博造句狂欢、微博造词狂欢、微博句式仿写狂欢和"拟微博体"狂欢。

1. 微博造句狂欢

微博造句狂欢，是微博经常出现的一种文字游戏，反映了青年群体追求个性创新、崇尚"娱乐至上"的社会心态和价值取向，也是空虚浮躁的社会心理、网络恶搞泛滥现象的呈现。从传播的内容来看，它反映了当前青年群体中的生活方式和流行文化。它有时以某句话为契机，通过设置新的语境达到不断重复的效果，以凸显对这句话的态度。诸如"我和我的小伙伴儿们都惊呆了""至于你信不信，我反正信了"等。但更多的时候，是网友在微博上写下具有情感色彩的话语，引发了一众网友的热烈讨论。网友们在其微博下纷纷留言，造句接龙。在图 5-4 中，一位新浪微博用户"高冷病患"说了一句感慨性的话："累了，不想再隐瞒了，我的真实身份其实是一盘青椒肉丝。"这句话很快被网友发现，并被大量转发和评论。在这些转发和评论里，有不少是对这个句式的模仿和改造，即前半句都是一样的，后半句只是换了菜名。网友在每个造句的后面依次留言，形成了某种造句接龙。但由于微博有字数限制，太长的接龙无法完整进行，于是许多网友对这个句式进行了简化，直接说出后面的美食，这样就形成了一种新的接龙句式，如图 5-5 所示。

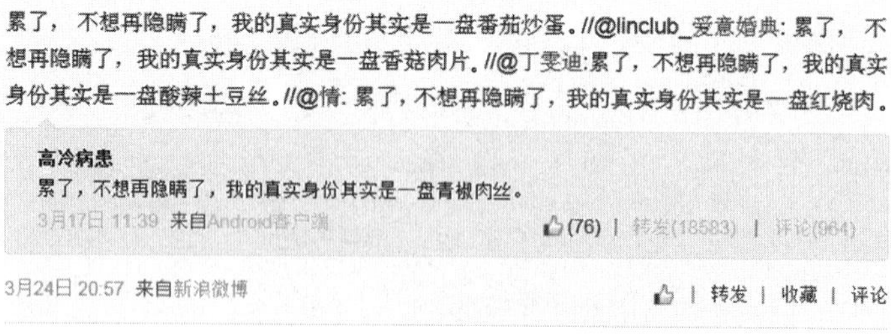

图 5-4 "高冷病患"新浪微博及其评论截图（a）
（资料来源为 https://weibo.com/3223562613/znPJd3Rgo）

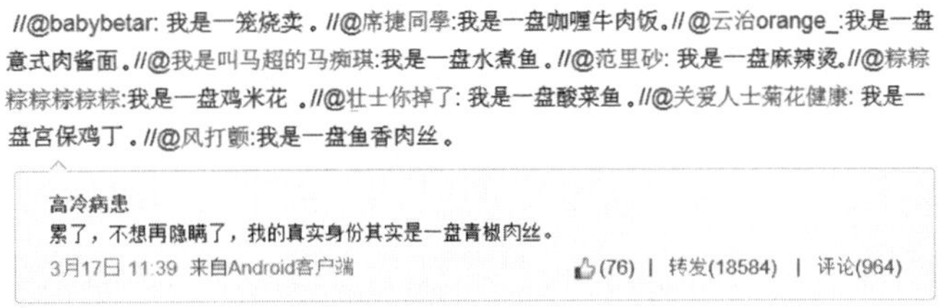

> //@babybetar: 我是一笼烧卖。//@席捷同学:我是一盘咖喱牛肉饭。//@云治orange_:我是一盘意式肉酱面。//@我是叫马超的马痴琪:我是一盘水煮鱼。//@范里砂: 我是一盘麻辣烫。//@粽粽粽粽粽粽:我是一盘鸡米花。//@壮士你掉了:我是一盘酸菜鱼。//@关爱人士菊花健康: 我是一盘宫保鸡丁。//@风打颤:我是一盘鱼香肉丝。
>
> 高冷病患
> 累了,不想再隐瞒了,我的真实身份其实是一盘青椒肉丝。
> 3月17日 11:39 来自Android客户端   (76) | 转发(18584) | 评论(964)

图 5-5　"高冷病患"新浪微博及其评论截图（b）
(资料来源 https://weibo.com/3223562613/znPJd3Rgo**)**

那么，这样的微博造句狂欢蕴含着什么意义呢？这就要从微博黏性和社交媒体中人群的孤独感说起。

前文已述，"微博控"几乎是全天候地待在微博上的，他们通过刷微博，来寻找自己感兴趣的东西，或者与自己价值观相投的同类。与之相应的是，微博用户是独自面对计算机或手机的。这种个体化媒介使用方式，使得沉浸其中的使用者在现实状态中其实是一种独立的存在。为了消解孤独感，他们热衷在微博世界中交流，寻找社会交往的快乐。但由于微博具有匿名性，因而又不得不让每个人对网络中的其他账号保持警惕，也就是说，大家可以一种匿名身份而存在，不用向网络里的他人袒露真实的自己。正是在这样的氛围中，新浪微博用户"高冷病患"的这句话，才获得了集体共鸣。模仿造句的行为，其实是表达对这句话的认同和追随。所以，这种认同和追随，形成一种独特形式的文字符号结构，给每个人带来一种游戏般的欢乐。换句话说，不是语言文字的内容，而是造句的符号形式，赋予了一种符号创造的智趣。而又因为这是一种大规模的参与，可以让每个人参与到一个默契的集体中，从而感到兴奋和神奇。

2. 微博造词狂欢

微博造词狂欢是指微博用户出于方便交流、紧跟潮流、区隔身份等目的,以异于日常语言规范的新造之词进行的微博流行语狂欢,尤以2013年流行语为代表。在2013年流行语的各种年终盘点中,微博造词占据了近乎半数或绝对多数的位置,如图5-6所示。

图5-6　2013年流行语盘点新浪微博截图
(资料来源为 http://s.weibo.com/wb/2013%25E6%25B5%2581%25E8%25A1%258C%25E8%25AF%25AD&xsort=hot&Refer=g)

这些词语涉及面广,措辞简洁,意思明确。第一类是描述个人生活、思维、感情等状态。如"累觉不爱"(很累,感觉自己不会再爱了);"不明觉厉"(虽然不是很明白,但感觉很厉害);"细思恐极"(仔细想想,感觉十分恐怖);"人艰不拆"(人生已经十分艰难了,就不要再拆穿了);"十动然拒"(十分感动,然后拒绝了对方);"说闹觉余"(周围的人都有说有笑、有打有闹,感觉自己十分多余);"我伙呆"(我和我的小伙伴都惊呆了,来源于一篇小学生作文,借以表达震惊之情);等等。第二类是描述、形容他人之行为、状态。如"何弃疗"(为什么要放弃治疗);"人干事"(这是人干出来的事吗);"高大上"(高端、大气、上档次);"喜大普奔"(喜闻乐见、大快人心、普大同庆、奔走相告);等等。第三类是表达个人诉求,最典型的是"土豪,我们做朋友吧"。

首先,微博造词狂欢是个体创造性地自由发挥和个人价值得到集体确认的一种方式。在现实世界中,个人创造性必须存在于社会规则之内,符合公序良俗。虽然语言是开放的、不断创新和发展的,但个人不能随意更改或发展既有的言语体系。而在微博狂欢空间里,个体可以利用自身才智创造符合自身特点的语言。此外,当创造的语言得到众人的认同和使用时,个人的价值便获得了集体的认可,即个人实现了自我价值。

其次,微博造词狂欢是微博用户区隔身份、获取认同的一种行为。巴赫金所描述的狂欢特征之一,便是亲昵接触。在微博狂欢里,亲昵接触的一个重要表征便是使用相同的语言,即通过使用相同的语言,来为自己贴上标签,以示自己属于哪个团体。当微博用户聚集在"人艰不拆""何弃疗"等造词狂欢中时,个体与他人不仅实现了亲昵接触,而且获得了归属感。

最后,微博造词狂欢满足了大众的情感表达。微博造词基本的功能便是准确、真实、直接地表达个体或他人的情感、状态和诉求。微博造词狂欢之所以引发许多人的追捧,是因为它迎合了大众片面追求日常化、感官愉悦的心理需求。另外,大众在现实世界中无法表达的情绪,通过造词这一行为找到了突破口。网络上层出不穷的造句,也在某种程度上折射出年轻人的焦虑与迷茫。他们不自觉地抗拒或排斥深刻、严肃的话语表达,而代之以搞笑的、轻松的,甚至猎奇的、低俗的方式进行话语表达。

3. 微博句式仿写狂欢

微博句式仿写狂欢是指以固定的格式为模板,进行狂欢文本创作。它类似于固定体裁的创作,不同表现的流行语,代表不同的体裁。纵观微博句式仿写狂欢文本,其所呈现的情感、表达的诉求、表现的立场和价值都不同,且涵盖了日常生活的方方面面。

具体而言,第一类是表征亲昵、亲密的关系,表达温暖、和乐的情感,比较典型的是"淘宝体"和"TVB体"。

"淘宝体"是淘宝卖家和消费者聊天时常用的一种句式,它常以"亲"和"哦"为重要表征,借以表现卖家同买家亲密友好的合作关系,重在突出卖家对买家用心诚恳的态度。"淘宝体"走红后,被用于生活的各个领域,甚至出现在交警提示、大学录取通知书等主流话语场域里。

在微博上,"淘宝体"狂欢,以亲昵的字眼、活泼的情感,令人们在接受信息时不禁获得一种愉悦感。例如,四川省人民政府新闻办公室官方微博在公布2014年的部分高校投档分数线时,使用了"淘宝体"(图5-7)。这温情脉脉的表达方式,不仅缓解了高考后择校给考生和家长带来的紧张气氛,而且在亲昵友好的措辞中,凸显了"以人为本"的执政理念。

图 5-7 "淘宝体"微博狂欢文本截图
(资料来源为 http://s.weibo.com/wb/%25E4%25BA%25B2%2520%25E5%2593%25A6&xsort=hot&page=50)

"TVB体"是大量套用香港电视广播有限公司(Television Broadcasts Limited,TVB)制作的电视剧中的经典台词来"吐槽"或者寻求"安慰"的一种句式。TVB中常用的经典台词有"做人呢,最重要的就是开心""发生这样的事呢,大家都不想的""感情的事不可以勉强""你饿不饿?我去煮碗面给你吃"等。新浪微博用户以此类台词作为创作体裁,进行微博文本狂欢,旨在于欢乐的状态中传达温暖关切之情,给人以安慰;或用于自身情感等的表述,以获得宣泄的快感。

图5-8是对当今一部分普通男青年生活状态的描述,即无房、无车,结婚便无着落。虽然现实残酷,但是充满温情的"TVB体"的安慰,让人暂时忘却了痛苦和不快。这在微博狂欢的文本中建构了一个暂时性的想象缓冲空间,它在一定程度上缓解了现实的压力,让自我与社会达成了一种想象性的和解。

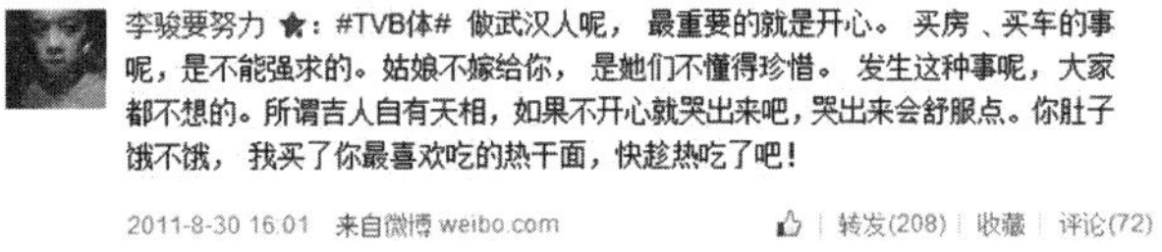

图5-8 "TVB体"微博狂欢文本截图

(资料来源为 http://s.weibo.com/wb/%2523TVB%25E4%25BD%2593%2523&xsort=hot&page=12)

第二类是诉说民生艰辛,以负面情绪的宣泄为主,常常伴有调侃、嘲讽、戏谑的语气,见于"蓝精灵体""丹丹体""涨工资体"等。

以"蓝精灵体"为例。它是源自动画片《蓝精灵》的主题曲,后被新浪微博用户创造性地改编成吐槽各行各业之艰辛的狂欢文本,如图5-9所示。

流行语的狂欢游戏 / 97

图 5-9 "蓝精灵体"微博狂欢文本截图

(资料来源为 http：//weibo.com/1882842932/profile? topnav＝1&wvr＝6)

不难看出，身处狂欢中的人们，是借轻松诙谐的"蓝精灵体"吐槽所在行业的种种心酸、苦闷。一方面，他们以嘲讽之语气互诉衷肠，来求得他人回应，以此摆脱个体孤独无助的困境，找到归属感；另一方面，他们又将升职难、薪酬低、工作量大等现实压力和困境一吐为快，排解了心中郁结，暂时缓解了自身压力，获得了心灵的平和与慰藉。

第三类是展现中国转型期的社会现状和热点，一般出现在"凡客体"（图 5-10）"子弹体""咆哮体"等当中。

图 5-10 "凡客体"微博狂欢文本截图

(资料来源为 http：//weibo.com/1882842932/profile?topnav＝1&wvr＝6)

第四类是关注道德滑坡问题，尤以"校长撑腰体"为甚。"校长撑腰体"源自 2011 年 9 月 21 日的一条微博："北大副校长说，'是北大人，看到老人摔倒了你就去扶。他要是讹你，北大法律系给你提供法律援助，要是败诉了，北大替你赔偿！'"一个月后，这条微博突然走红，并衍生出多个版本，被网友命名为"校长撑腰体"，如图 5-11 所示。

> 清华："你是清华人，看到老人摔倒了你就去扶。他要是讹你，清华法学院给你提供法律援助，要是败诉了，北大替你赔偿！"
>
> 清华："你是清华人，看到老人摔倒了你就去扶。他要是讹你，人大法学院给你提供法律援助，要是败诉了，北大替你赔偿！但凡有勇气这么做的清华学子，不仅是我们清华的骄傲，也会让奶茶对你另眼相待！"
>
> 人大："你是人大人，看到老人摔倒了你就去扶。他要是讹你，人大法学院给你提供法律援助，要是败诉了，人大替你赔偿！"

图 5-11　"校长撑腰体"微博狂欢文本截图

(资料来源为 http://weibo.com/1253347132/xtEJAc3ey#_rnd1412576064161)

"校长撑腰体"的源文本，是呼唤社会良知和道德回归，旨在消除人与人之间的冷漠相拒，提倡助人为乐。它是劝诫人们在面对老人摔倒时，应当施予援手，而不要担心被讹而犹豫不决，最终放弃帮助他人。但后来在微博狂欢中出现的各种仿拟版本，更多的是倾向于对讹人者的"报复与惩戒"，意在批判"以怨报德"之人，为无辜遭讹的好心助人者申诉。总之，无论是对于助人为乐良好风尚的提倡，还是对于讹人者的声讨，都是在反思社会中出现的道德问题，都是重建道德风尚的有力呼声。

第五类是以娱乐、游戏诉求为主，多见于"小明体""hold住体""非诚勿扰体""甄嬛体""秋裤体""海底捞体""扫地老太太体""中西混搭体""中箭体"等。

首先，此类微博狂欢文本是大众求新求异心理的凸显。日常语言体系的规范性和约束性，令个体的表达缺乏个性化的标识。而微博句式仿写狂欢，不仅能带给大众耳目一新的感觉，还能突出个体的独特性。例如，"中箭体"是以"膝盖中箭"为固定格式，重在表达被言中、被拆穿的感觉。这个句式的新、异，主要体现在以身体化的感官描述来准确、贴切地表达出心理感觉。身体化的感官形象展示，是巴赫金眼中狂欢世界的重要部分，这是因为"狂欢的作乐离不开身体的展示，狂欢的身体就是用生动而具体的感性丰富性来克服抽象的理性单一性"①。那么，"膝盖中箭"这一身体化的语言，生动形象地阐明了被戳中要害之痛，其感性化的丰富表达着实满足了微博用户求新求异的心理需求。

其次，此类微博狂欢文本迎合了大众玩乐的心理需求。微博句式仿写狂欢，在很大程度上是一种自娱自乐的游戏。相对于严肃、规范的现实世界，微博空间的确是一个好玩的去处。在这里，微博用户可以沉浸在语言的游戏当中，以散心的状态消遣着，娱乐着，欢笑着。例如，"秋裤体"的狂欢，完全是微博用户充分发挥个人才智，嬉笑玩乐的结果，如图5-12所示。

---

① 王斌. 身体化的网络流行语：何为与为何——一个青年亚文化的社会学解读[J]. 中国青年研究, 2014 (3)：72.

图 5-12 "秋裤体"微博狂欢文本截图
(资料来源为 http://weibo.com/1882842932/profile?topnav=1&wvr=6)

4."拟微博体"狂欢

所谓"拟微博体",是指模仿微博页面的结构,填写虚构的评论内容和转发情况,形成一种拟仿微博交流方式的文体形式。这种拟仿常常是假借古代人物或文学作品中虚构的人物,来想象如果他们发微博的话,会出现怎样的交流情景。这种"拟微博体"的内容一般以娱乐为主,嬉笑怒骂,不拘一格。这类文体具有鲜明的风格,创造了一种差异化的表达方式,或者别有意味的沟通交流形式,体现了平等的戏谑和狂欢的精神。

某新浪微博认证用户自成一派的微博流行语狂欢,始于其基于四大名著创作的四篇微博文本。这些微博文本以"假如古代有微博"为想象基础,让四大名著里的人物在微博上发微博,看看会遇到什么人给他们留言和转发。随后,新浪微博用户纷纷效仿该新浪微博认证用户的创作风格,设置各类议题,借古人或经典作品当中的人物之口来做出各种应答,以此掀起了一场"假想微博体"的文本狂欢。这其实是一种移花接木的手法,即把当下的社会形态移植到经典当中,以借经典之集体记忆引起众人注意,并配以个性化的语言来表达个体的态度或意见。"拟微博体"还会模拟此前提到过的各种微博页面的常见现象,诸如"最右君"和"吥"的接力等。

总之,"拟微博体"的文本创作狂欢,是人人都可以参与的假想,也是任何人和事物都可纳入创作对象的假想。"拟微博体"的文本创作狂欢在表现上,常常会采用挪用、拼贴、移植的手法。例如,在对《西游记》故事的拟仿中,有一条"拟微博体",如图 5-13 所示。

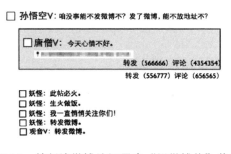

图 5-13 某新浪微博认证用户"拟微博体"截图
(资料来源为 http://weibo.com/1665372775/yrxlmgX3o?type=repost#_rnd1412743688182)

图 5-13 中,"唐僧 V"的微博链接了一个地址,还能显示具体位置。这是微博设置的一种位置功能,很多人发微博时展示自己所在之处就是基于这样一种位置功能。但是在这条"拟微博体"中,"唐僧 V"的位置链接引发了"孙悟空 V"的不满,因为在西天取经的路上,沿途遍布着想吃唐僧肉的妖怪,唐僧暴露自己的行程是极其危险的事。微博下面"妖怪们"的留言回复,印证了"孙悟空 V"的担忧。这条"拟微博体"拟仿了"孙悟空 V"的话,暗含了对微博上动辄晒心情、晒图的不认同。

"拟微博体"创作中挪用经典只是一种手段,重点是借经典重新建构文本意义,从而凸显个体意见。但"拟微博体"的创作对"度"的把握尤为重要,在发挥想象力进行内容表达时,应该客观考察涉及历史人物的身份与背景,充分尊重文化传统,不可一味调侃、戏谑和讽刺,不能无底线的狂欢。

娱乐的肆意

微博流行语狂欢是一场充满娱乐色彩的语言游戏。

第一,微博流行语的狂欢现象,同巴赫金理论中的"狂欢广场式生活"如出一辙。这种生活是自由自在的,"充满了两重性的笑,充满了对一切神圣物的亵渎和歪曲,充满了不敬和猥亵,充满了同一切人、一切事的随意不拘的交往"[①]。由此可见,肆意的娱乐是狂欢的天然特性。在微博流行语的狂欢空间里,任何一种狂欢文本,都有着娱乐的痕迹,即都有"笑"的成分和玩乐的游戏性。

例如,2013年"你家里人知道吗"的微博流行语狂欢。它源于"你照片这么好看,你家里人知道吗"的帖子,其本意是对现实生活中PS照片盛行的讽刺。由于它契合了群体的心理感受,得到了群体的认同,于是立刻引发了群体的微博狂欢行为。值得注意的是,它言辞之中充满了娱乐、诙谐的氛围,是博取群体关注的一种重要手法。因为倘若它以严肃、权威的面孔来斥责PS照片过假的行为,容易引起众人的反感和抵触。

第二,我们正生活在一个娱乐泛化的时代。这正如美国媒体文化研究者波兹曼所言,"一切公众话语都日渐以娱乐的方式出现,并成为一种文化精神。我们的政治、宗教、新闻、体

[①] 北冈诚司. 巴赫金:对话与狂欢 [M]. 魏炫,译. 石家庄:河北教育出版社,2002:268.

育、教育和商业都心甘情愿地成为娱乐的附庸"①。作为新技术的微博也不例外,它为人们提供了一个娱乐场所。但无论是何种微博流行语的狂欢,最后都归于娱乐的游戏。

以"元芳体"为例。"元芳体"来源于电视剧《神探狄仁杰》中的台词——"元芳,此事你怎么看"。后来这句话被微博用户改成"_____,元芳,你怎么看"的微博狂欢文本模板。该微博流行语最初是以嘲讽之口吻,暗指某件事背后另有玄机。

图5-14以"元芳,你怎么看"作为文本结尾,隐含的是对于广州某驾校收取天价补考费做法的质疑,它暗指其收费的不合理性,即以批评的立场,来探讨该校收取补考费的行为。此刻,当"元芳体"的狂欢发展愈盛之时,其质疑性渐渐被娱乐势头掩盖,不管何种微博内容,都以"元芳,你怎么看"作为结尾。也就是说,个体将衣食住行、所见所闻等,都统统归于"元芳,你怎么看"的微博狂欢文本创作之中。此时,微博

图5-14 "元芳体"微博狂欢文本截图
(资料来源为 http://weibo.com/1644088831/zeotDCmso)

---

① 波兹曼.娱乐至死·童年的消逝[M].章艳,吴燕莛,译.桂林:广西师范大学出版社,2009:5-6.

用户不再关注对于某件事"怎么看"的结果及他人的回应，而是沉浸于这种形式所带来的娱乐趣味之中。

总之，娱乐泛化的生活环境，重新定位了我们的认知、思考和表达方式，从某种意义上来说，我们不再需要追寻深邃的意义和挖掘事物之间复杂的联系，只需要从断裂的、片面的、碎片化的肤浅层面，获得片刻的欢愉即可。而微博流行语的狂欢受娱乐泛化的影响，必然会以娱乐化来归置人们的生活方式，让人们在这种肆意娱乐中完成信息的获取、传递和分享。

第三，娱乐是人类的天性，追求娱乐是人"自由自觉"的实践活动。这正如美国著名的传播学家施拉姆所言，"娱乐是出于一种寻求愉悦和逃避社会控制的天性"①。因此，微博流行语狂欢所呈现的娱乐性，实则是人类的天性使然。而微博是一个具有扁平化结构的网络空间，它为微博用户营造了一个"众生喧哗""杂语共生"的多元化自由世界。因此，微博用户在这里的狂欢话语实践，由于摆脱了现实的控制而呈现出极大的自主性、自由性，对于娱乐天性的释放也更自然、更充分。同时，微博是为微博用户提供了一个相对安全的逃避现实的狂欢空间。当微博用户置身其中时，便会暂时将现实中的种种压力、桎梏等搁置，从而满足内心对于轻松、愉悦的娱乐体验的追求。

此外，微博流行语狂欢是带有游戏性质的言语实践活动。在英国哲学家席勒看来，"游戏使人成为真正的人"②。事实上，游戏这一形式，是人本质特性的体现，它同马克思对于人与自然关系的揭示是一致的，即"自由自觉"的游戏活动恰恰

> 微博用户在这里的狂欢话语实践，由于摆脱了现实的控制而呈现出极大的自主性、自由性，对于娱乐天性的释放也更自然、更充分。

---

① 高雁. 电视娱乐节目：痛并快乐着[J]. 南京师范大学文学院学报，2001(4)：33.

② 高雁. 电视娱乐节目：痛并快乐着[J]. 南京师范大学文学院学报，2001(4)：33.

是人类的本质属性。而游戏所承载的自由性、能动性、随意性天然会给人以感官的、精神的娱乐享受，所以微博流行语的肆意娱乐化是在所难免的。

因此，微博流行语的肆意娱乐化，其实是微博用户日常生活在虚拟空间的继承和延续，它往往出于最简单的娱乐身心的需求，目的是缓和个人心理的焦虑感、迷茫感等负面情绪。例如，"咆哮体"是借助感叹号来肆意释放个人情绪，获得玩乐的快感和感官的愉悦。但缺乏精神内涵的娱乐，容易让无聊的情绪泛滥，也让浅层次文化消费逐渐占据越来越主导的地位，继而出现价值观的失范现象。

> 言语总是携带话语。言语的自由也常常会让人产生关于话语力量的想象,以为言语可以改变世界,却忘了言语有着其特有的条件和环境。不是言语创造了世界,而是世界框定了言语。在微博上,人们展开了怎样的话语想象,又赋予了话语怎样的力量?

话语力量的想象

微博狂欢化现象，作为一种话语实践的文本呈现，充斥着肆无忌惮的狂欢意味。它同巴赫金所描述的中世纪狂欢节一样，有着奔放自由、多元开放、随性颠倒、变革更新的氛围。本章将以巴赫金的狂欢理论为工具，详细解读微博狂欢化现象的意义。

自我的解放等同于马克思所提出的"人的解放"，即人的全面解放，包括身体、心灵、社会关系、智力等，它强调的是将人从一切被压迫、被束缚的关系中解放出来，"把人的世界和人的关系还给自己"①。由此可见，自我的解放是个体主体性和能动性的充分体现，凸显的是个体的权益与诉求。

当人们置身微博狂欢中时，现实世界中固定永恒的等级关系和规则制度都被打破了，人从年龄、阶级、性别、职业等束缚中解脱出来，人与人之间平等交谈，尽情宣泄内心情感，竭力张扬个性，从而追求精神上的自由。这正如巴赫金所言，在狂欢节中，"人仿佛为了新型的、纯粹的人类关系而再生。暂时不再相互疏远。人回归到了自身，并在人们之中感觉到自己是人"②。

因而，微博狂欢文本，所蕴含的基本意义是人回归于自身，人在群体中感到自己是人的"自我解放"意义。从某种程度上来看，只有当人获得了个体的解放，才能将个体之潜能充分发挥出来，将个体之诉求自由表达出来，从而有效维护个体正当权益，获得平等自由的人际关系。同时，人们之所以乐此不疲地将微博狂欢纳入日常生活的图景当中，是因为这是个体作为人的基本意义——"人性的解放与精神自由"的表达与象征。

---

① 庄惠阳. 马克思主义教育目标分类理论 [M]. 上海：上海人民出版社，2017：63.
② 巴赫金. 巴赫金全集：第六卷 拉伯雷研究 [M]. 李兆林，夏忠宪，等译. 石家庄：河北教育出版社，1998：12.

话语的释放

在巴赫金看来,话语与意识形态直接相关,它存在于人类的社会交流和价值交换过程当中。在狂欢节中,由于全民参与性和亲昵接触,话语有了"对话"的特质,此时,话语"关心的是每一个主体的话语位置即其意识形态的立场和观点,追求的是语言背后的意识形态立场的互相冲撞、质询、对话和交流"①。因此,狂欢的话语是每个参与狂欢之人共有话语的充分释放。更重要的是,"这是一个完全快乐和无畏的话语,是一个自由自在、坦白诚挚的话语"②,它反映的是个体意见表达的自由和社会关系的积极重塑。

首先,在微博狂欢中,每个参与者都是作为节点而存在的,从这点来看,其身份是毫无差别的。那么,他们之间的交往便变得亲昵、随性,话语的表达也随之肆意、张扬。他们既可以围观全国人民代表大会和中国人民政治协商会议(以下简称"两会"),直接对话两会代表,探讨国家大事;又可以零距离接触明星,参与娱乐事件的走向,比如"周一见";还可以聚集在诸如"萌萌哒""心塞"等流行语的游戏中;甚至可以为主流媒体设置议程,比如"帮汪峰上头条"。

其次,节点具有全民性,可以向任何人开放。那么,在微博狂欢广场上,人人都是狂欢的参与者,每个人都生活在狂欢之中。而狂欢的体验是通过话语来实现的,由此,这里的话语镌刻着"全民性",最为突出的便是民间话语权崛起,弱者有

---

① 刘康.对话的喧声:巴赫金的文化转型理论[M].北京:北京大学出版社,2011:134.
② 刘康.对话的喧声:巴赫金的文化转型理论[M].北京:北京大学出版社,2011:196.

了发声的机会。其结果是，作为现实生活中的普通人，拥有了公开诉说生活艰辛、表达压抑情绪、嘲弄权威经典、肆意娱乐自我与他人的话语表达自由。其中，话语表达实则是意见的呈现。因此，微博狂欢是意见的聚合性狂欢，它的意义不在于以何种形式来诉说意见，而在于个体意见表达的自由和情绪充分释放的本身。换言之，"我"加入微博狂欢，基本意义便是"我"的意见在现实世界中严格、固定的等级秩序的压迫与束缚下，终于有了存在的合理性。

> 微博狂欢是意见的聚合性狂欢，它的意义不在于以何种形式来诉说意见，而在于个体意见表达的自由和情绪充分释放的本身。

最后，节点共享是微博固有的特性，微博狂欢文本必然也有这一特性。它"意味着个人在传播信息时可以附加套嵌各种主观一体化的信息"[①]。进一步说，微博狂欢文本是处于实时的高度交流与互动当中的。那么，其话语所蕴含的意见必然是"对话"状态，即各种意见不是封闭的独白式表达，而是开放的交流与共享。同时，每种意见都附着一定的意识形态，而狂欢的人群又是以民众为主，那么这种意识形态必然同官方意识形态发生交流。因此，微博狂欢的话语传达的是反对绝对的权威意识形态的意义。

此外，在微博狂欢中，由节点的自由共享所形成的意识形态的对话状态，使人与人的社会关系得到了重塑，即人们通过意见的选择来建立自己的社会关系。而意见是主体性意义的重要表现，同时意见的充分表达和获得尊重又是主体性作为人的意义本身之一，因而微博狂欢化反映的是以意见的自由表达和重塑社会关系为主的话语释放的意义。

微博狂欢是群体内心情感的本能、公开、合法的宣泄。第一，人是情感动物，人们聚集在微博上狂欢，自始至终都携带

[①] 钟涵. 网络狂欢：自媒体时代大众消费娱乐的传播方式[J]. 科技传播，2014（4）：21.

着情感因子,且易受情感的驱使。换言之,"狂欢不仅仅是同官方权威话语斗争、并生的文化样态,它深深地萌生于人类的本能情感。人的情感需求中包含着宣泄和娱乐的成分。在微博狂欢中,这种表达是借助各种符号,获得精神胜利的愉悦感。尽管这个渠道是微博的虚拟空间,但它给人们带来了暂时的情感宣泄。此时,参与狂欢的每个人,冲破了现实世界加诸在身上的种种桎梏,将内心的消极情感倾泻而出,并在狂欢的氛围中为他们披上本能情感宣泄得到暂时满足后的欣喜、愉悦之外衣。

第二,微博狂欢文本中所附着的情感是公开直白的宣泄,它不再是人们压抑在内心的隐匿状态。而微博狂欢中情感的共享,又使得这种宣泄有了回应并得到了支持。因此,人们聚集在微博上狂欢,不单是为了个体能将压抑的情感在虚拟的公共平台上肆意宣泄,更重要的是,以群体的情感响应来寻找心灵上的归属,从而获得同现实社会达成和解,象征性地解决内心焦虑等负面状态的心灵慰藉。例如,2014年3月,台湾地区一档关于大陆人消费不起茶叶蛋的综艺节目爆红网络,随后,新浪微博用户掀起了一场欢乐的茶叶蛋娱乐狂欢,以宣泄对该档节目的嘲讽之情,如图6-1至图6-3所示。

图 6-1　茶叶蛋娱乐狂欢新浪微博截图 (a)

(资料来源为 http://s.weibo.com/wb/%2523%25E8%258C%25B6%25E5%258F%25B6%25E8%259B%258B%2523&xsort=hot&page=1)

酷爱喝茶,含泪花3万元买了500克茶叶,第二天却被媳妇拿去煮了茶叶蛋,我那个恨啊!气急败坏的我大怒道:"茶叶蛋能用这么便宜的茶叶煮吗?!"
2014-3-25 17:32 来自 微博 weibo.com

收藏 | 转发 3065 | 评论 1847 | 11611

图 6-2 茶叶蛋娱乐狂欢新浪微博截图(b)
(资料来源为 http://s.weibo.com/wb/%2523%25E8%258C%25B6%25E5%258F%25B6%25E8%259B%258B%2523&xsort=hot&page=1)

#茶叶蛋#今天早上有个男人捧出4个茶叶蛋向我求婚,想想前些天另一个男人拿了3克拉钻戒让我嫁给他,我毅然选择了能给我幸福的人,能买的起茶叶蛋的人还怕买不起钻戒吗?!不说了,去领证!! # 茶叶蛋

2014-3-24 14:40 来自 iPhone客户端

收藏 | 转发 316 | 评论 461 | 1892

图 6-3 茶叶蛋娱乐狂欢新浪微博截图(c)
(资料来源为 http://s.weibo.com/wb/%2523%25E8%258C%25B6%25E5%258F%25B6%25E8%259B%258B%2523&xsort=hot&page=2)

在这组微博文本中,虽然关于茶叶蛋炫富的话题千差万别,充斥着新浪微博用户自我创造的行为,但其背后的意义不仅是新浪微博用户愤怒情绪的表达,还是以集体之力宣泄大陆同胞对于他者丑化其形象之行为的讥讽。由此,个人在群体的支持中强化了对于大陆的认同感和自豪感,群体则在团结一致的情感宣泄中维护了大陆同胞的尊严,并完全消解了他者加诸的形象建构。

第三,微博上狂欢式的生活是大众情感的宣泄。这种宣泄有助于微博用户诸多压力的缓解,是群体常规生活的必要补充。这正如巴赫金所言,"作为一种必要的社会生活调节形式,

狂欢是在宗教和政治意识形态暂时缺席时的个人或者全民行为"①。在微博狂欢中，最突出的是对于群体"相对剥夺感"心理感受的调节。社会比较理论认为，相对剥夺感是指"一种以他人或其他群体为参照物形成的心理感受。人们由于贫困形成的不满情绪，与其说主要是来自绝对贫困，不如说来自相对贫困，即来自他人相比较而言自己的劣势地位"②。

在节奏快、压力大的当今社会，"娱乐至上"既是一种普遍的社会现象和生活态度，也是一种缓解生活压力、消除精神忧虑的方法。而微博狂欢的存在，恰好满足了人们的这一需求；同时，人们在集体的狂欢话语实践中，通过肆无忌惮的情感宣泄，象征性地改变自我的劣势地位，从而达到调节日常生活的目的。

平等的幻象

巴赫金认为，"在狂欢化的世界上，一切等级都被废除了。一切阶层和年龄都是平等的"③。微博狂欢所显示出的平等意义，来源于两个方面：一个是主体身份的平等性，另一个是社会交往关系的平等性。前者是基于微博是一个全民的、开放性的广场。在微博狂欢中，没有导演和观众，有的是参与狂欢的完整、自由的人，此时，人人都变成了中心，都是狂欢必不可少的成员。同时，在巴赫金看来，"狂欢节更像是彩排，它使

---

① 中国运筹学会企业运筹学分会. 中国企业运筹学 2007 年（1）[M]. 成都：电子科技大学出版社，2007：219.
② 孙立平. 失衡：断裂社会的运作逻辑 [M]. 北京：社会科学文献出版社，2004：73.
③ 巴赫金. 巴赫金全集：第六卷 拉伯雷研究 [M]. 李兆林，夏忠宪，等译. 石家庄：河北教育出版社，1998：285.

得人性中隐性的一面被揭示和被昭现（显）出来"①。而微博的匿名性，让微博用户获得了身份想象的能力，从理论上来讲，他们可以成为任何想成为的人。当其进入微博狂欢的空间中时，这种想象能力发挥到了极点，这不仅表现为其将自我视为真正自由的人，可以随性率真地表现被隐藏起来的一面；还表现为将自我与他人视为处于同一位置上的平等之人，此时所有处于两极对立位置上的人都被拉到了一个水平线上，个体因而获得了平等的快感。

例如，在"杜甫很忙"的微博狂欢文本的传播中，每一个微博用户都可以随意进入微博平台参与恶搞杜甫的狂欢中，而且每个微博用户对于该话题的传播和再生产都有着相等的权力，即他们不分彼此，充分调动主观能动性，将杜甫置于现代语境，演绎着各种形态的忙碌生活，由此自我在狂欢中地位的平等性被充分地展现出来。

微博狂欢文本的表现有全民性的哄笑、娱乐的肆意、粗鄙的流行、被认同的快感等，这些都与严肃、规范、经典的现实话语体系相违背，并且它们都一致地将现实世界中的一切投射于一个平面当中，在话语表征中对其冒渎不敬，进而完成对其颠覆、认同或抵抗。同时，微博狂欢同狂欢节一样，因为亲昵而随意地接触，"人与人之间形成了一种新型的相互关系，通过具体感性的形式、半现实半游戏的形式表现了出来。这种关系同非狂欢式生活中强大的社会等级关系恰恰相反"②。由此可见，微博狂欢文本背后传达的是在现实中建构一个新的社会关系的意义。但如果微博狂欢文本失去底线时，则会触犯价值

---

① 陆道夫.狂欢理论与约翰·菲斯克的大众文化研究[J].外国文学研究，2002（4）：23.
② 巴赫金.陀思妥耶夫斯基诗学问题：复调小说理论[M].白春仁，顾亚铃，译.北京：读书·生活·新知三联书店，1988：176.

观、道德观的底线，亵渎固有的文化和社会传统。正如成都杜甫草堂博物馆声称将杜甫画像拿来涂鸦，是对杜甫的一种亵渎，娱乐也要有一定的尺度，恶搞也需要看清对象。

自由的追寻

微博狂欢式生活是对日常生活的颠覆、悬置和陌生化，它期待建立的是一个所谓的"乌托邦世界"。

首先，在微博狂欢文本中，个体的言论表达是自由的，他们可以对一切进行嬉笑怒骂，可以毫无顾忌地将语言变得卑贱化、粗鄙化，可以随意游戏与娱乐。此时，他们同中世纪参与狂欢节的人们一样，只需"按照狂欢节自由的规律生活"[①]。例如，微博流行语的狂欢文本，其传播行为本身就是微博用户自由地编码与解码的行为。尽管其话语表征高度相似，但背后隐含的意见大不相同，它实际上反映了微博用户的立场和态度。

以"有钱，就是这么任性"的微博狂欢文本为例，进行考察。"有钱，就是这么任性"这句话源于网友们对一起诈骗事件的调侃。当事人老刘于 2014 年 4 月 25 日在网上买了一款男性保健品，在收到货之后，他接到一个自称金主任的电话，对方声称这款男性保健品必须和其他配药一同服用才能有疗效。老刘随即向金主任汇了 5 500 元。在之后的半年多时间里，老刘陷入了无尽的电话诈骗当中，到 8 月中旬，老刘总共被骗取了约 54.5 万元。而在接受记者采访时，他说，在他被骗了 7 万元的时候，自己已经发现被骗了。那时候，他心想，才这么

---

① 巴赫金. 巴赫金全集：第六卷 拉伯雷研究 [M]. 李兆林，夏忠宪，等译. 石家庄：河北教育出版社，1998：8.

点钱,公安应该不会管的,干脆就赌一把,继续给骗子骗,把数额弄大一点。① 于是,老刘选择继续被骗,他称:"我就是想看看,他们究竟能骗我多少钱!"② 当网友看到老刘的言语时,随即惊呼:"有钱,就是这么任性。"然后,这句话在网络空间迅速风靡,并掀起了一场微博狂欢。起初,这句话是为了表达网友们对于有钱人做事风格的一种嘲讽,但后来演变成一场以调侃、揶揄、娱乐为主的狂欢游戏,任何人、任何事都可以被置于"任性"一词之后,网友们在哈哈一笑的同时,也体验着自我精神的解放与自由的意义。接下来,我们具体看一下这个典型的微博狂文本。

2014年11月12日上午8点01分,某新浪微博认证用户发了这样一条微博(图6-4),随后引发了关于"任性"的转发和评论狂欢。其他新浪微博用户纷纷发挥才智和想象力,在评

图 6-4 某新浪微博认证用户新浪微博截图

(资料来源为 http://weibo.com/1663723820/BvWShgMNO?type=repost#_rnd1423377867606)

---

① 王波.男子明知被骗仍汇54万 称想看骗子能骗走多少钱[EB/OL].(2014-11-12)[2020-10-17]. http://finance.people.com.cn/n/2014/1112/c1004-26008336.html.
② 王波.男子明知被骗仍汇54万 称想看骗子能骗走多少钱[EB/OL].(2014-11-12)[2020-10-17]. http://finance.people.com.cn/n/2014/1112/c1004-26008336.html.

论和转发中附上个人意见,这里面既有对该新浪微博认证用户以"任性"评价该事件的跟队(图 6-5),又有类似于"我是骗子中的高手!请联系我""哈哈哈,放开那个骗子,冲我来"等的调侃和戏谑(图 6-6)。此外,有人故作姿态地说"这不就是我吗";有人则强烈呼吁不要去调侃老刘,他是受害者;还有人表示这是"土豪新标准"的样式;等等。由此可见,"有钱,就是这么任性"的狂欢,是基于老刘曲折被骗这一不幸之上的"任性"狂欢。

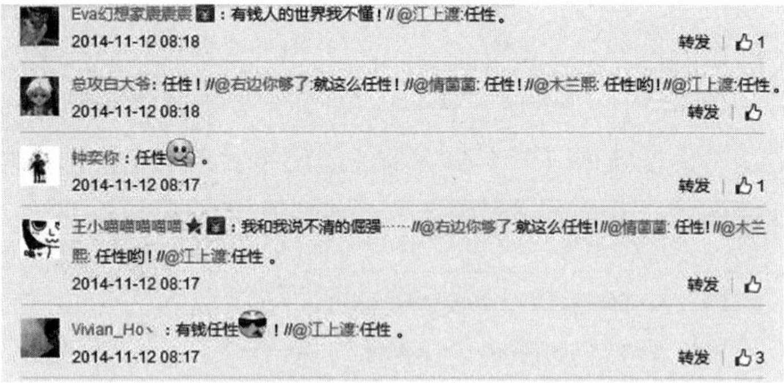

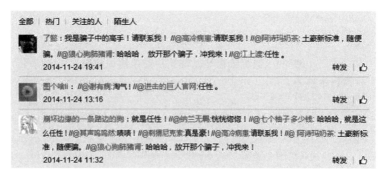

图 6-5 某新浪微博认证用户新浪微博评论截图(a)
(资料来源为 http://weibo.com/1663723820/BvSWhgMNO?type=repost#_rnd1423378485985)

图 6-6 某新浪微博认证用户新浪微博评论截图(b)
(资料来源为 http://weibo.com/1663723820/BvSWhgMNO?type=repost#_rnd1423378710203)

其次，微博狂欢所形成的意识形式，是以一种全新的方式去观察和评价世界的。在这里，既可以将日常生活颠倒过来，以"我"为中心去审视自我与他人，由此打破原有的标准和意义体系；又可以在平等的交往中，以多元化的表达和共享重新建构社群，并完成认同。

综上所述，微博狂欢文本是微博用户"进行现实自由追求的一种文化策略"[①]，它旨在向非狂欢世界宣称个体追求精神自由之意义，即个人从现实的束缚中解放出来时，获得了反抗体制、霸权、经典和规范的勇气和力量。不过，这种形式在很大程度上是一种温和的想象式狂欢暴动，人们从中感受到的是"一种心理的解脱，一种心灵的松弛，一种压迫被移除的快感"[②]，从而象征性地实现了对精神自由的追求。

[①] 胡春阳.网络：自由及其想象：以巴赫金理论为视角[J].复旦大学学报（社会科学版），2006（1）：116.
[②] 季欣."反讽"的狂欢：中国青年网民"网络造句"现象的文化心理研究[J].中国青年研究，2013（9）：11.

微博用户每天登录微博，虽然他们可能未曾面对面见过，但是每天的关注和对话，也可以让他们互相成为"熟人"。"熟人"见面多了，自然会互相开玩笑，或者共同戏谑一些人和事。那么，这种戏谑有着怎样的意涵？

戏谑中的颠覆

众声喧哗的微博狂欢现象，从诞生之日起就蕴含着颠覆的意义。

首先，微博狂欢天然体现了狂欢理论中的"颠覆性"。巴赫金认为，"狂欢的节日广场文化总是在不断地颠覆等级秩序、消除尊卑对立、破坏严肃统一、瓦解官方与民间的界限，让一切的中心边缘化"①。相应地，在微博狂欢广场上，虚拟性的身份被重塑，微博用户从各种规范中逃离出来，获得了颠覆传统秩序的荒诞力量；微博用户背离了被现实世界规范的思维方式和世界观，完成对权威的解构和对市场垄断的悬置。由此，绝对化转变为相对性。

其次，微博狂欢文本充斥着反讽、恶搞、粗鄙、低俗等各种冒犯式的插科打诨和降格的话语表征，这是微博用户主动解构话语及语义再生产的结果。因为在形式上，此时的隐喻是对传统话语体系的脱冕，即它打破了传统话语秩序的严肃感；在内容解读上，它是以颠倒的日常世界为切入点，从错位中颠覆了不和谐感。

例如，从语言本身来看，反讽的微博狂欢所运用的隐喻形式——反讽修辞手法是微博用户抵抗式的解码过程，因此它本身蕴含着对源文本含义的改编。在反讽的微博狂欢语境中，现实中日常生活的方式和感受都遭到颠覆，即现实中垂直的、分明的秩序变成了微博上横向流动的想象性空间。

---

① 刘庆华. 巴赫金狂欢理论视角下的微博现象[J]. 河北师范大学学报（哲学社会科学版），2012（2）：133.

常规的悬置

悬置是针对常规世界中的传统秩序形态而言的。在狂欢节中,"决定着普通的即非狂欢生活的规矩和秩序的那些法令、禁令和限制,在狂欢节一段时间里被取消了。首先取消的就是等级制,以及与它有关的各种形态的畏惧、恭敬、仰慕、礼貌等等,亦即由于人们不平等的社会地位等(包括年龄差异)所造成的一切现象"[①]。可见,狂欢节开创了一个人类生活的"第二世界",它"是对非狂欢节生活的戏仿,是作为'颠倒的世界'而建立的"[②]。相应地,在微博狂欢空间里,人们以狂欢或轻佻的眼光审视和评价世界,自由地交往、对话,从而完成对常规世界的正常逻辑的悬置。而悬置的方式多种多样,包括戏仿、亵渎、嘲弄、矮化、恶搞、游戏等。

例如,追捧"最右君"的微博狂欢文本,即"以狂欢的眼光看世界,以笑话的方式评价生活"[③]。归根结底,狂欢的眼光是一种悬置常规、颠覆正常的视角。那么,此时关于现实世界的种种认知和解读便不再是合乎常规了,而是标新立异的差异化沟通与理解。而微博用户的追随行为既是对这种狂欢视角的追捧,也是对这种陌生化、平等化的狂欢语境世界的参与、分享与互动。同时,这类追捧深刻地体现着主体对于世界和社会的认知态度和评价立场。于是,身处微博匿名性想象空间的微博用户,以饱含戏谑的符号表达着自我价值观。接下来,我

[①] 巴赫金.巴赫金全集:第五卷 诗学与访谈[M].白春仁,顾亚铃,译.石家庄:河北教育出版社,1998:161.
[②] 王琦予.从巴赫金狂欢理论看"自媒体时代"[J].石家庄铁道大学学报(社会科学版),2012(3):58.
[③] 季欣."反讽"的狂欢:中国青年网民"网络造句"现象的文化心理研究[J].中国青年研究,2013(9):10.

们可以考察一下"真爱体"的微博狂欢文本。

2012年12月27日12点07分,某演员利用新浪微博账号发了一张膝盖处带有累累伤痕的双腿自拍,并配上了"总觉得这样才算真的爱过 🏠"的内容(图7-1)。随即,这条微博被迅速转发数万次,引发了新浪微博用户的联想和调侃。一时间,新浪微博用户不仅沉浸在戏谑、欢乐的解读中,而且也在各种评论的围观中获得快感。

图 7-1 某演员新浪微博截图

(资料来源为 http://weibo.com/1228486722/zbFlwr8vo?type=comment#_rnd1423632290855)

虽然11分钟后,该演员再发微博进行澄清:"为新角色练舞,估计到新戏杀青,真爱一直都在,瘀青有增无减。"但新浪微博用户选择性忽视,并笑着说"别解释"。不到1天时间,这条微博就被转发了12万多次,评论数达8万多条。

不难看出,"真爱体"微博狂欢与新浪微博用户的"内涵"解读有着密切联系,而不仅仅是为了获取感官愉悦的低俗娱乐(图7-2)。

图 7-2 "真爱体"微博狂欢文本截图

(资料来源为 https://weibo.com/u/1238217724?is_all=1&stat_date=201407#feedtop)

首先,"真爱体"中充斥着导向情色的"坏笑"。一方面,这"坏笑"是对严肃的、井然有序的常规世界的一种颠覆性回应。在正常语境中,带有情色意味的"坏笑"经常被视作越轨行为而加以斥责和禁止,因此人们将那些与崇高等相违背的、有关"性"的潜意识隐匿起来,而微博狂欢为他们提供了一个肆意宣泄的出口。由此,他们突破禁忌,在颠覆"好与坏"的社会规范中肆意表达。另一方面,这"坏笑"使"整个世界变得滑稽、幽默",人们获得了前所未有的轻松感和愉悦感,因而他们的言语也开始变得放荡不羁,交往随之率性、亲昵,现实的距离感瞬间被悬置。

其次,这"坏笑"本就具有"戏剧化、降格"的意味,现实中一切高高在上的东西都被拉下来,而处于下方的东西则被抬高。因此,"真爱体"的狂欢,事实上是一场展示肉体形象和欲望的身体狂欢。此时,你、我、他都是相同的人,由此,高尚与低俗、雅士与痞子之间的现实差异都被拉平了,现实世界中的话语逻辑、思维方式和阶级划分都遭到了悬置。

最后,身体本就是一个充满意味的表达物。在美国大众文化理论家费斯克看来,"虽然身体看起来是我们最个人化的部分,但它也是身体政治(阶级性的身体、种族性的身体以及性别化的身体)的物质形式。围绕身体的意义与快感之控制权所展开的争斗,是非常重要的,因为身体既是'社会'层面被表述为'个人'层面最可靠的场所,也是政治将自身伪装为人性的最佳所在地"①。因此,常规世界的种种规范都是通过直接或间接地对于个人身体的约束完成的。在我国,尤其对于身体的裸露和"性"的控制有着完备的道德规范,这与千年的传统息息相关。当然,个人也会尝试通过身体的差异性表达来传递游离于主流价值观之外的个人情绪。

背离的曲线

在微博狂欢中,大众由于掌握了微博这一新媒体技术,从而获得了话语权。微博的发布、转发、评论、点赞功能,让大众拥有了信息发布与传播的能力;同时,微博的关注与粉丝模式及@功能,打破了原有媒介传播中信息双方的不对等性。从技术上说,微博传播是一种双向的交互方式,人们完全是根据个人喜好关注一个人或者@某个人。同时,在微博狂欢的"第二世界"里,各种不拘形式的狂欢语言大行其道,包括"加冕与脱冕、易位与换装,改变身份、角色和不流血的身体攻击、打嘴仗,以及各种骂人话、顺口溜、神咒等"②。那么,在此

---

① 费斯克. 理解大众文化 [M]. 王晓珏,宋伟杰,译. 北京:中央编译出版社,2001:85.
② 北冈诚司. 巴赫金:对话与狂欢 [M]. 魏炫,译. 石家庄:河北教育出版社,2002:270.

基础上形成的价值观则带有深刻的肆意狂欢的烙印。

例如,微博造词狂欢是对常规的语言体系的一种背离。常规的语言体系是一套普遍使用的通用言语,采用具有共同处理规则来进行表达的沟通指令。但它无法完全表达每个主体的诉求和情感。不容忽略的现实是,语言是在特定的环境中为了生活的需要而产生的。同时,语言也是交流的媒介,且不断发展的。常规的语言体系有助于维护现有社会的稳定,但个体往往会寻求另类的语言体系,通过造词的狂欢,对生活周遭做出差异化的解读。

权威的脱冕

微博狂欢语言是建立在对现实世界的降格之上的。按照通常的理解,居主流的道德与智力应高于民间的道德与智力,但在微博狂欢中,这种价值判断发生了颠倒。

降格,即俯就,它是狂欢世界感受的重要范畴。一方面,俯就把高大与渺小、智慧与愚蠢、经典与庸俗等所有处于正负两极的价值对立项"接近起来、团结起来,订下婚约,结成一体"①,此时,对立项处于这个复合体的上与下两个位置,上与下则是相互映照、注视和理解的关系;另一方面,俯就又是"狂欢式的冒渎不敬"②,它是将现实世界中高高在上的事物拉下神坛,从而造成上下错位的局面。于是,所有绝对的、不可侵犯的事物变成了可以游戏、玩弄的相对性事物。这正如巴赫金所言:"狂欢节不妨说是一种功用,而不是一种实体。它不

---

① 北冈诚司. 巴赫金:对话与狂欢[M]. 魏炫,译. 石家庄:河北教育出版社,2002:268.
② 北冈诚司. 巴赫金:对话与狂欢[M]. 魏炫,译. 石家庄:河北教育出版社,2002:269.

把任何东西看成是绝对的,却主张一切都具有令人发笑的相对性。"①

戏仿是微博狂欢语言常用的话语策略。在巴赫金看来,戏仿是一种令人开心的降格游戏。事实上,戏仿是对经典的、大众耳熟能详的源文本的调侃。一方面,这造成了源文本与现文本之间紧张冲突的喜剧感,令大家捧腹大笑,使现实中的严肃感顿时荡然无存;另一方面,戏仿将经典、权威拉到了与平庸、普通相同的水平线上,使其变成人们可以戏谑的对象,造成严肃性的瓦解。这种情绪化的表达,有时候为了在网络信息的洪流中吸引关注,往往会以猎奇的、哗众取宠的方式"博出位",这实际上也助长了社会急功近利的心态。

狂欢的仪式

在巴赫金看来,"狂欢节上最主要的仪式,便是加冕和脱冕的双重仪式,它是狂欢式世界的感受的核心所在"②。加冕仪式是指人们笑谑地将象征国王身份的服装、饰物等道具,加在同真正的国王有天渊之别的奴隶、小丑或是小偷身上。脱冕仪式与加冕仪式正好相反,即人们"要扒下脱冕者身上的王袍,摘下王冠,夺走其他的权力象征物,还要讥笑他,殴打他"③。人们在这样包含着死亡与再生、交替与更新的狂欢仪式中,深刻体会到了狂喜、愤怒、鄙夷、悲愤等狂欢式世界的

---

① 巴赫金.巴赫金全集:第五卷 诗学与访谈 [M].白春仁,顾亚铃,译.石家庄:河北教育出版社,1988:161.
② 北冈诚司.巴赫金:对话与狂欢 [M].魏炫,译.石家庄:河北教育出版社,2002:273-274.
③ 北冈诚司.巴赫金:对话与狂欢 [M].魏炫,译.石家庄:河北教育出版社,2002:274.

感受。

在微博狂欢文本传播中,仪式性的特征沿袭了狂欢节的加冕和脱冕的双重仪式化的实践过程。在这里,微博用户的狂欢是针对某个具体文本所产生的行为。在通常情况下,他们会以狂欢的聚合效应,来完成对他者的神化或颠覆。

例如,在追捧"最右君"的微博狂欢中,微博用户通过"→_→"这个风格显著的语言符号,既表达了对"最右君"的崇拜和热捧,又表达了对与"最右君"相异的他者的鄙夷、不屑和讥笑。一方面,最右群体是以整齐划一的"→_→"语言符号跟随队形,来为"最右君"披上神化意味的外套,从而完成对它的加冕仪式;另一方面,最右群体又是以集体之力形成了与最右阵营对立的他者的群攻之势,以便将他者推下神坛,接受众人的踩踏。这与狂欢节中的脱冕仪式是相同的,赋予了微博用户深刻的狂欢式世界的感受。

2013年6月6日,中国男子足球国家队(以下简称"国足")在与乌兹别克斯坦的足球友谊赛中,以1:2输给对方。随后,国足在新浪官方微博上发布了"对不起"三个字,引发了全民的转发、评论与热议。在图7-3中,"凯树先生"的回复——"充个会员,搞个置顶吧",表达了个人的立场和意见。而众人的"→_→"跟随,强化了对"凯树先生"作为"最右君"的认同。

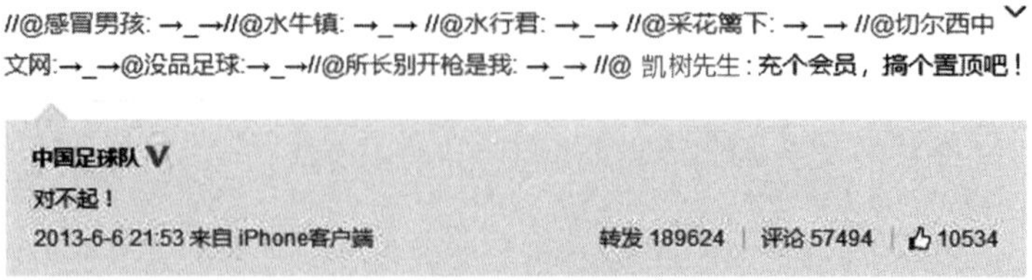

//@感冒男孩:→_→//@水牛镇:→_→//@水行君:→_→//@采花篱下:→_→//@切尔西中文网:→_→@没品足球:→_→//@所长别开枪是我:→_→@ 凯树先生:**充个会员,搞个置顶吧!**

中国足球队 V
对不起!
2013-6-6 21:53 来自 iPhone客户端   转发 189624 | 评论 57494 👍 10534

图 7-3 追捧"最右君"微博狂欢文本截图
(资料来源为 http://weibo.com/1882842932/profile?topnav=1&wvr=6)

此外，这种仪式性的建构是基于共同的情感体验、价值倾向和利益趋向。微博文本的传播是一个对话性的沟通互动过程，而微博文本又是用户情感、态度、观点、利益和价值的承载体，所以这种互动沟通的过程实为情感的交流、价值的交换和利益的表达。在微博狂欢中，情感的共鸣令微博用户聚集在一起，此时他们作为文本意义的积极生产者，开始构建相同价值观的共同体，以此来维护群体共同的利益。换言之，微博狂欢就是以整体的文本狂欢样式，来呈现群体内共同的情感体验、价值倾向和利益取向，以便在这个想象的共同体中获得仪式的快感和完成对他者的情感宣泄、身份重塑和利益争夺。

巴赫金认为，"国王加冕和脱冕仪式的基础，是狂欢式的世界感受的核心所在，这个核心便是交替与更新，死亡与新生"①。这是因为在狂欢节中，加冕和脱冕的过程分别是以赋予、夺取象征国王权力的道具为基础的，那么加冕本身就蕴含着脱冕，而脱冕又预示着新的加冕。不过，脱冕不是为了绝对的否定，而是使其重生，这其实隐含着对乌托邦自由世界的向往。微博狂欢也蕴含着这种深刻的宇宙更新精神，它旨在通过狂欢风格，来达成建立一个平等、自由新世界的共识。

例如，在"呸"的接力微博狂欢文本中，"呸"是一个极具动作感的、以口中之唾液来对他者进行贬低的肉体感官形象，它有着深刻的"交替更新"的内涵。这正如巴赫金所言，在狂欢中，所有物质——肉体的形象都是正反同体的，

---

① 北冈诚司. 巴赫金：对话与狂欢[M]. 魏炫，译. 石家庄：河北教育出版社，2002：273-274.

"它们既贬低、扼杀又复兴、更生,它们既美好又卑下"①。在这里,贬低他者是表象,其真正的意义是通过信息传达,来促使他者洗心革面,放弃对"我"的身份界定。

---

① 巴赫金. 巴赫金全集:第六卷 拉伯雷研究[M]. 李兆林,夏忠宪,等译. 石家庄:河北教育出版社,1988:171-172.

> 尽管人们之间存在着让人羞愧的分歧，但唯一能超越这些分歧的就是从这种分歧中获得快乐，这才是交流的理想境界。
>
> ——阿多诺

追忆的乐园

"杜果没必要加个核"

2020年4月8日,新浪微博用户"地下天鹅绒"写了一条普通得不能再普通的微博:"我觉得杜果这种水果完全没必要加一个核在里面,这事儿我不知道谁来负责,我一个人声音很小,希望大家可以一起呼吁一下。"没有想到,后面的转发和评论如潮水般涌来,在短短一天之后转发数达到了12.2万次,评论数达到了8.9万条,点赞数则达到了惊人的277万个,而且很快登上了新浪微博热搜榜第四名。(图8-1)

图8-1　新浪微博用户评论"地下天鹅绒"微博截图
(资料来源:https://weibo.com/velvet?profile_ftype=1&is_hot=1#_0)

在回复的评论中,按热度排序,排在首位的是这样一句话:"没用的,但凡有人管,螃蟹也不能是现在这样。"在这条

追忆的乐园/135

的评论下方,又有 3 474 条回复和 20.5 万个点赞数;而排在第二位的是这样一句话:"只有香蕉是合格的,其他都得整改。"下面的回复则多达 5 437 条,点赞数达 14.7 万个。

看着这么多的评论,有新浪微博用户表示自己是一边看一边笑,笑着笑着,竟然有种想流泪的感觉。有一个叫"Ar-11 绿豆"的新浪微博用户这样说道:"突然有种,微博回到了最初的感觉,没有营销号,没有杠精,没有粉丝控评。"在这条留言的下方,也有 152 条回复,这些新浪微博用户也表达了同样的心声。其中有一位微博名叫"Super 小小房"的新浪微博用户这样评论道:"我好喜欢沙雕网友,大家可以自由讨论,现在微博底下各种营销号,各种控评,各种愤青,弄得大家都不敢出声了,说错一句还会被狙,这都什么世道了。"紧接着,一个新浪微博用户回复说:"哈哈哈,这句话好伤感。"(图 8-2)

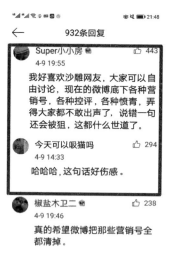

图 8-2 新浪微博用户感慨微博最初的状态
(资料来源 https://weibo.com/u/1832349147?is_all=1&stat_date=202004#1609218296920)

句谈论"杧果没必要加个核"的微博,为什么会引起如

此大规模的反馈和共鸣?笔者的分析从以下几点展开:

首先,从文本的内容来看,这件事看似讨论"杧果没必要加个核"这样有点荒诞、幼稚的问题,但其中折射出来的对于某些事情的无力感,才是引起大家共鸣的主要原因。"不知道谁来负责""一个人声音很小""一起呼吁一下",这是一种弱小的个体面对社会问题时常常遇到的体验,这也是一种普遍性的体验,所以很容易让大家心领神会。但它又借助了"杧果没必要加个核"这样一个可笑的议题,来抒发这种共同的体验,于是就产生了一种网络上常说的那种"喜感",即一种既荒诞又真实的情感体验。这种"喜感",与巴赫金所说的"诙谐文化的怪诞风格"有着精神上的相通性。同时,"杧果没必要加个核"提出了一个挑战性的问题,它对看似"自然而然"的东西提出质问,就形成了巴赫金所说的那种"怪诞风格",它能够"帮助摆脱看世界的正统观点,摆脱各种陈规虚礼,摆脱通行的真理,摆脱普通的、习见的、众所公认的观点,使之能以新的方式看世界,感受到一切现存的事物的相对性和有出现完全改观的世界秩序的可能性"[①]。换句话说,在"怪诞风格"的外表里包裹着的其实一种"解放力"和"再生力",是倡导一种新的可能性,尽管这种新的可能性或许并不会实现,但是其思维方式提供了一种思考新的可能性的路径,因而包含着某种"再生""更新""更替"的欢乐。

其次,从文本的风格来看,这条微博所用的语言腔调又让人们似曾相识。"我觉得……这事儿我不知道……我一个人声音很小,希望大家可以一起呼吁一下。"这是一种煞有介事的表达方式,它讽拟了一种大家熟悉的某媒体高层在微博上发言

---

① 巴赫金. 巴赫金全集:第六卷 拉伯雷研究[M]. 李兆林,夏忠宪,等译. 石家庄:河北教育出版社,1998:40-41.

时那种忸怩作态、角度刁钻的"叼盘"式语言风格——它看似站在"大家"一边,用"我"的方式,来表达对某个事情的态度,但在本质上起到了维护着"枨果"固有属性的效果。这种以貌似"理中客"面目出现的文风或语言风格,本质上处处站在权力者一方,以中立的姿态"开导"对权力者不满的群体。所以,每当微博或微信上出现对这种文风的讽拟作品时,大家就会借用一句网络流行语说"有内味儿了"。大家跟风起哄,其实是对这种讽拟式表达的一种响应。

最后,从文本的语境来看,这条微博能够冲上热搜,还由于其回应的数量众多,超出了人们的想象。从2013年至今,微博逐渐失去了它原有的诙谐风格,变得无趣、乏味,在这样的氛围中,微博逐渐演变成了一个"打棍子、扣帽子"的场所,一些人经常揪住某些人的一两句话就实施网络暴力。这样的微博早已不再是巴赫金所说那种"不拘形迹"的"第二种生活",人们反感所谓"营销号""杠精""控评",其实是反感这些内容破坏了微博早期的那种"不拘形迹"的氛围。什么样的微博值得期待?用巴赫金的话来说,那是一种全民性的、包罗万象的、双重性的笑,"它既是欢乐的、兴奋的,同时也是讥笑的、冷嘲热讽的,它既否定又肯定,既埋葬又再生。这就是狂欢式的笑"①。

打捞微博记忆

国内学者吴世文和杨国斌近年来一直致力于倡导对互联网记忆的研究,他们认为,"媒介消失之后,记忆便成为它的信

---

① 巴赫金. 巴赫金全集:第六卷 拉伯雷研究[M]. 李兆林,夏忠宪,等译. 石家庄:河北教育出版社,1998:14.

息"。他们研究网友对消逝的网站的纪念性书写时，发现他们通过回忆，不仅为网站立传，而且书写了个人的网站生活、友谊与青春岁月。关于媒介的传记性记忆，也是关于记忆者本人的自传性叙事。"在网友看来，消逝的网站是青春的一部分，也是寄托或想象青春的载体。"① 网友在回忆中追忆变迁的时代，并表达对当下互联网发展的期待。本书对于微博早期狂欢亚文化的追叙，也带有着对那段岁月的一种纪念和回望。

10多年过去了，微博虽然没有成为"消逝的网站"，但是它在时代的变迁中发生着巨变，这种巨变让早期的微博所承载的那种喧嚣、诙谐、怪诞和狂欢的文化已经成为过去。杨国斌也认为，以2011年为分界线，新浪微博还是有很大变化的。在前一阶段，一般网民、大V对于微博的繁荣起到核心作用；在后一阶段，一般网民、大V的力量有所削弱。可以说，新浪微博在前一阶段，呈现的面貌很多元，而在后一阶段则开始向娱乐化转型。但即使是这样的转型也有着多变性，在特殊情况下，网民批评的声音仍然能够被听见。换言之，只要是平台，就有被挪用甚至被劫持的偶然性，而难以完全由资方掌控。② 在这个意义上，打捞早期微博上曾经出现过的那种美好时刻，其实是在呼唤一个曾经的交流环境和对话氛围。

记录下早期的微博记忆，也是在为互联网或微博的历史书写，提供一个独特的视角：一方面，微博的历史绝不应该只有一种媒介新技术的视角，也不应该只有一种网站商业经营的视角，它还应该有一种文化的视角，微博的出现和演变是一种新媒介文化的出场和时代变迁的投射；微博的历史更重要的是社会、文化、政治相互影响和作用的历史。

① 吴世文，杨国斌. 追忆消逝的网站：互联网记忆、媒介传记与网站历史[J]. 国际新闻界，2018（4）：23，20.
② 杨国斌. 转向数字文化研究[J]. 国际新闻界，2018（2）：105.

从这个意义上来说，追忆过去并不只是为了怀旧，而是要建立一种看待数字媒介或社交媒介的文化视角。这种文化视角，可以让我们更好地体验到当代社会变化的征候，更好地认清由微博所开创的这个社交媒体时代，是如何深刻地嵌入我们的个人生活和社会生活的。美国学者格罗斯伯格等人说，我们对当代社会变化的体验更多地体现在"媒介自身的变化"上，而不是体现在媒介"关于变化的表征"上。①这是因为"媒介以及周遭的人类生活都是在时空中多维存在的，其发展线索交互纠缠在一起，彼此交织、相互影响"②。由此，我们也才能深深地理解传播与文化、传播与人类行为的密切关联，就像格罗斯伯格等人所说的那样："传播或许是所有人类行为中最本质的东西。人类一直致力于发展新的媒介以拓展传播的可能性。"③

从"微博元年"至今，微博狂欢化现象一直存在，它是网民话语实践的另类表达。在行为表现上，它集中于全民性的哄笑、流行语的狂欢游戏和认同的快感；在言语表达上，它充斥着戏谑、嘲讽、粗鄙、娱乐等；在实践方式上，它以个体的积极解码和语义再生产为主；在传播特征上，它重在达到团结就是力量的效果。总之，这种微博狂欢化现象所营造的氛围，的确如巴赫金所描述的"第二种生活"空间。

微博狂欢文本的存在，形成了一种独特的狂欢文化。因为在德国社会学家韦伯看来，"人是悬挂在由他自己所编织的意

---

① 格罗斯伯格，渥泰拉，惠特尼，等.媒介建构：流行文化中的大众媒介[M].祁林，译.南京：南京大学出版社，2014：中文版序言2.
② 格罗斯伯格，渥泰拉，惠特尼，等.媒介建构：流行文化中的大众媒介[M].祁林，译.南京：南京大学出版社，2014：中文版序言3.
③ 格罗斯伯格，渥泰拉，惠特尼，等.媒介建构：流行文化中的大众媒介[M].祁林，译.南京：南京大学出版社，2014：第一版序言1.

义之网中的动物"①（笔者译），所以意义是人的来源，人需要意义来表达自己、界定身份和评价世界。而"文化又是意义象征的体系"②（笔者译）。那么，人们在微博上进行狂欢话语实践，实际上是在建构一个能容纳自身意义存在的亚文化体系，它有着丰富的内涵。一是它是个体的解放，象征着个体对自主情绪表达的追求；二是它是强韧的话语力量，现实社会的秩序等都被悬置；三是它是认同的仪式，也是自我身份的确认和群体归置的选择，更是文化归属的建构，而它的仪式性则沿袭了狂欢节中"加冕和脱冕"的特性，彰显着摧毁一切又更新一切的狂欢精神。

不过，微博狂欢通常只是虚拟场域的狂欢，即它是象征性、仪式性地解决了个人与社会之间的矛盾、冲突，达成了个人与社会的和解。但是在这一过程中，还存在着诸如语言暴力、民粹主义、娱乐过度等负面因子。不过，即便如此，它仍有着不容忽视的积极意义。在我国，从古至今，由于崇尚谦逊、有序、克己的文化，尚未出现过一个像巴赫金所描述的狂欢节景象。而狂欢节中所体现出的平等交往、肆意欢乐又是每个人内心的渴望。微博的出现，正好填补了传统文化中缺失的狂欢精神；同时，其又为国人开辟了一个传统媒体之外的公共表达空间。因此，微博狂欢最大的意义在于对民众参与意识的培养。

属于微博的纯真时代虽然已经远去，但它仍然在不断地演变，而且在微博之后出现的社交媒介，无不在微博开创的社会环境中继续发展；随着更多新型传播技术不断涌现，更

---

① Geertz, Clifford. *The Interpretation of Cultures: Selected Essays* [M]. New York: Basic Books, 1973:5.
② Geertz, Clifford. *The Interpretation of Cultures: Selected Essays* [M]. New York: Basic Books, 1973:5.

加新型的媒介还将源源不断地出现,人类传播的可能性还将继续拓展,它们将继续改写和重塑人类的传播行为和社会文化生活。

主要参考文献

[1] 库恩. 科学革命的结构（第四版）[M]. 金吾伦, 胡新和, 译. 北京：北京大学出版社, 2003.

[2] 麦克卢汉. 理解媒介：论人的延伸[M]. 何道宽, 译. 北京：商务印书馆, 2000.

[3] 库尔德利. 媒介、社会与世界：社会理论与数字媒介实践[M]. 何道宽, 译. 上海：复旦大学出版社, 2014.

[4] 斯丹迪奇. 从莎草纸到互联网：社交媒体 2000 年[M]. 林华, 译. 北京：中信出版社, 2015.

[5] 彼得斯. 对空言说：传播的观念史[M]. 邓建国, 译. 上海：上海译文出版社, 2017.

[6] 贡克尔, 泰勒. 海德格尔论媒介[M]. 吴江, 译. 北京：中国传媒大学出版社, 2019.

[7] 格罗斯伯格, 渥泰拉, 惠特尼, 等. 媒介建构：流行文化中的大众媒介[M]. 祁林, 译. 南京：南京大学出版社, 2014.

[8] 霍尔. 表征：文化表征与意指实践[M]. 徐亮, 陆兴华, 译. 北京：商务印书馆, 2013.

[9] 巴赫金. 巴赫金全集：第三卷 小说理论[M]. 白春仁, 晓河, 译. 石家庄：河北教育出版社, 1998.

[10] 巴赫金. 巴赫金全集：第四卷 文本 对话与人文[M]. 白春仁, 晓河, 周启超, 等译. 石家庄：河北教育出版

社，1998.

［11］巴赫金.巴赫金全集：第五卷 诗学与访谈［M］.白春仁，顾亚铃，译.石家庄：河北教育出版社，1998.

［12］巴赫金.巴赫金全集：第六卷 拉伯雷研究［M］.李兆林，夏忠宪，等译.河北教育出版社，1998.

［13］北冈诚司.巴赫金：对话与狂欢［M］.魏炫，译.石家庄：河北教育出版社，2002.

［14］巴赫金.陀思妥耶夫斯基诗学问题：复调小说理论［M］.白春仁，顾亚铃，译.北京：生活·读书·新知三联书店，1988.

［15］程正民.巴赫金的文化诗学［M］.北京：北京师范大学出版社，2001.

［16］凌建侯.巴赫金哲学思想与文本分析法［M］.北京：北京大学出版社，2007.

［17］刘康.对话的喧声：巴赫金的文化转型理论［M］.北京：北京大学出版社，2011.

［18］贝克尔.局外人：越轨的社会学研究［M］.张默雪，译.南京：南京大学出版社，2011.

［19］费斯克，等.关键概念：传播与文化研究辞典（第二版）［M］.李彬，译注.北京：新华出版社，2003.

［20］恩特维斯特尔.时髦的身体：时尚、衣着和现代社会理论［M］.郜元宝，等译.桂林：广西师范大学出版社，2005.

［21］赫伯迪格.亚文化：风格的意义［M］.陆道夫，胡疆锋，译.北京：北京大学出版社，2009.

［22］班尼特，哈里斯.亚文化之后：对于当代青年文化的批判研究［M］.中国青年政治学院青年文化译介小组，译.北京：中国青年出版社，2012.

[23] 马林诺夫斯基. 文化论 [M]. 费孝通, 等译. 北京: 中国民间文艺出版社, 1987.

[24] 格尔茨. 文化的解释 [M]. 韩莉, 译. 南京: 译林出版社, 1999.

[25] 费斯克. 理解大众文化 [M]. 王晓珏, 宋伟杰, 译. 北京: 中央编译出版社, 2001.

[26] 豪格, 阿布拉姆斯. 社会认同过程 [M]. 高明华, 译. 北京: 中国人民大学出版社, 2011.

[27] 卡斯特. 认同的力量 [M]. 夏铸九, 黄丽玲, 等译. 北京: 社会科学文献出版社, 2003.

[28] 凯瑞. 作为文化的传播: "媒介与社会"论文集 [M]. 丁未, 译. 北京: 华夏出版社, 2005.

[29] 伊尼斯. 传播的偏向 [M]. 何道宽, 译. 北京: 中国人民大学出版社, 2003.

[30] 吉登斯. 现代性的后果 [M]. 田禾, 译. 南京: 译林出版社, 2000.

[31] 科斯洛夫斯基. 后现代文化: 技术发展的社会文化后果 [M]. 毛怡红, 译. 北京: 中央编译出版社, 2011.

[32] 马中红. 青年亚文化研究年度报告 (2013) [M]. 北京: 清华大学出版社, 2014.

[33] 杨国斌. 连线力: 中国网民在行动 [M]. 邓燕华, 译. 桂林: 广西师范大学出版社, 2013.

[34] 孙立平. 失衡: 断裂社会的运作逻辑 [M]. 北京: 社会科学文献出版社, 2004.

[35] 陈晓明. 解构的踪迹: 历史、话语与主体 [M]. 北京: 中国社会科学出版社, 1994.

后 记

从 2010 年开始玩微博这个在当时看来新鲜的玩意儿，到 2020 年终于完成这本关于微博亚文化的书稿，一转眼已经过去了 10 年。

从媒介变迁的角度来看，这既是人类历史上社交媒介快速交替登场的 10 年，也是一个由微博开创的 10 年。不管是后来出现的微信、视频直播，还是短视频，都不过是微博媒介范式的一种延续。这些新媒介形态各领风骚两三年的快速变迁，构成了我们对于这个时代的基本体验，正如格罗斯伯格等人所说，我们对当代社会变化的体验更多地体现在"媒介自身的变化"上，而不是体现在"媒介关于变化的表征"上。

读者看到此书的时候，微博已经走过了 10 余年的历程。这么长的时间跨度，让今天才得以付梓的本书，更像是一种历史性的回眸和书写。对于一个人来说，经常回头看走过的路，往往能启示当下，烛照未来。对于一个社会中的媒介或者媒介中的社会来说，亦是如此。

回首此书的写作历程，我必须写下许多感谢的话。此书缘起，是承蒙苏州大学传媒学院马中红、陈霖两位教授领衔的"新媒介与青年亚文化（第二辑）"丛书的邀约。在动议撰写此书之前，我们曾在微博上互相交流，一起开展读书会活动，共同讨论微博，并将讨论成果见诸报端。这让我体会到共同讨论学术问题的乐趣，也让我感受到这个团队对于亚文化研究的学术旨趣和快乐氛围。

由于我的懒惰和拖延，这本书写得比较艰难和缓慢。一方面，由于亚文化对于我来说是一个从未接触过的领域，我需要补课和学习；另一方面，由于我要使用的理论武器博大精深，我需要通读《巴赫金全集》，才能领略他所谓的对话理论、诙谐文化、狂欢精神的真正精髓。更为困难的是，我需要跳出一个微博使用者的视野，用学术的眼光来审视这个新媒介与亚文化之间的内在关联。这些对我而言都是巨大的挑战。当然，在这期间，我在教学、科研上花费了部分时间和精力，未能做到心无旁骛、潜心专注，这也是本书迟迟未能完稿的主要原因。因此，在这里必须感谢马中红教授和苏州大学出版社李寿春老师对我的督促和指导。没有她们的经常鞭策，或许本书还要拖延更长的时间。

在本书提纲的讨论阶段，我有幸得到应邀来苏州大学进行"新媒介青年文化"工作坊授课的潘忠党教授的多次指导，他博大睿智的讲授和学术上的缜密思维让我深受感染和影响。新媒介和青年亚文化团队中的几位同人，诸如曾一果教授、陈一教授、杜丹副教授、顾一周博士、鲍鲳博士等，都以共同的想法、各自的研究启发和影响了我。这个团队在那段岁月里组织的丰富的学术活动，让我们共同度过了一段愉快的时光。我在这里一并表示感谢。

我也还要感谢我的研究生史双绚同学，她在读研阶段和我一起开展对微博亚文化的研究，我们经常共同讨论问题，互相启发和影响。所以，本书是我们两人共同合作研究的成果。当然，作为导师，我对此书中的不足之处负有全部的责任。虽然她毕业以后回了老家甘肃，但希望江南水乡的这段学习生活，能够成为她人生中的一段美好的回忆。

最后我要感谢家人们和朋友们,他们的支持是我坚强的后盾。写作的代价,是我不能给予他们更多的照顾和陪伴。谨以此书献给他们,以表达我内心的愧疚和感恩。

杜志红
2020 年 10 月 10 日于苏州桂花居